风月同天

古代文化变迁中的细节

侯印国　著

甘肃人民出版社

图书在版编目（CIP）数据

风月同天：古代文化变迁中的细节 / 侯印国著. -- 兰州：甘肃人民出版社，2021.12
ISBN 978-7-226-05751-3

Ⅰ. ①风… Ⅱ. ①侯… Ⅲ. ①中华文化—文化史—古代—文集 Ⅳ. ①K220.3-53

中国版本图书馆CIP数据核字（2021）第235307号

责任编辑：王建华
封面设计：卿　松[八月之光]

风月同天：古代文化变迁中的细节
侯印国　著
甘肃人民出版社出版发行
(730030　兰州市读者大道568号)
北京金特印刷有限责任公司印刷
开本 880毫米×1230毫米　1/32　印张 8.875　字数164千
2021年12月第1版　　2021年12月第1次印刷
印数：1~5000
ISBN 978-7-226-05751-3　　　定价：68.00元

声音演绎文字之美·声音构筑文学世界·声音记录文化传承

● 如何收听《风月同天》全本有声书？

① 微信扫描左边的二维码关注“领读文化”公众号。
② 后台回复【风月同天】，即可获取兑换券。
③ 扫描兑换券二维码，免费兑换全本有声书。

● 去哪里查看已购买的有声书？

方法 ①

兑换成功后，收藏已购有声书专栏，
即可在微信收藏列表中找到已购有声书。

方法 ②

在“领读文化”公众号菜单栏点击“我的课程”，
即可找到已购有声书。

用文字照亮每个人的精神夜空

序

/

借得花枝三分色，染及空山一缕春

写序这种事，在我的感觉里，例属文人之间的酬答，如果不是关系特别好，抑或是真心觉得文笔可观，写起来难免尴尬且心累。

以我散淡的性子，遇到写序的邀约，历来是敬谢不敏。侯印国的书算例外。这几年陆续读了他的许多文章，有写在报纸上的文化专栏，有考证佛法流变的论文，还有他写在朋友圈的诗。作为一个写古典诗词赏析出道的作家，我其实不大看今人的古体诗，大约是口味被养刁了，受不了矫揉造作的堆砌。他的诗却是出乎意料的好，萧然有古意，内里又温存开阔。窃以为，他将文采绽放在信手写就的诗里，而文章则成为载道之所在。

侯印国或许不知，他最大的魅力来源于反差萌。单看文章会以为他是学养深厚的老先生，见本尊是软萌小可爱，于是便会有惊喜，他没有文人的清傲、学者的孤高，是一个擅长沟通，很会答疑解惑的人，且性情温厚，澹泊随和，专注之余带一点恰到好处的疏懒，殊为有趣。

日常我除了习惯性督促他写诗之外，还经常越俎代庖督促他写稿（各位跟他约稿的编辑记得给我发锦旗）。

当然我的热切是有由来的，且由来已久。去年写节气，前年写营造，都有拜托他替我查找资料。他真是续航持久、有求必应、有问必答的宝藏男孩。

怀着感恩的心，这篇序言是我跃跃欲试主动要写的。作为一个有责任心的人，书里的文章我在正式出版之前已经读过，再看一遍依然觉得丰富有趣，获益匪浅，值得推荐给大家。

古代民俗文化、生活细节之类的书籍文章，是习惯常读的。印象较深的有赵珩的《旧时风物》和伊永文的《古代中国札记》，侯印国的文章也让我有同样的兴趣。

其实莫说是读者，即便是我们这些常年从事文字工作的人，对于某些文化习俗，细节常识，亦习惯断章取义，知其然不知其所以然。譬如月饼，许多文章提及中秋文化时，喜欢引用东坡居士“小饼如嚼月，中有酥与饴”的名句以兹证明北宋已有中秋食月饼之习俗。其实不然，正式被命名为“月饼”的面食要到南宋才闪亮登场。除了和今天的月饼长得不像之外，做法也不同，它是蒸出来的，更像包子，属于日常面食。

从月饼到螃蟹，从追星到疫情，从玉兔到哪吒，这些文章原是登载在报纸上的专栏，自须紧跟时事，不乏热点话题，取材容易了，写作难度就上来了，要做到通俗而不媚俗，深刻而不刻板，风趣而不卖弄，是很难得的。

难得的是侯印国做到了。

我可以说，文中有很多热点——冷知识。他引经据典，信手拈来，融会贯通。不动声色地帮我修复了许多常识上的bug，看得我食指大动，会心一笑之余还能燃起勤奋向学之心，真是善莫大焉。

读完这本书的时候，我既满足又惆怅。一方面我从各类简史中获取了需要的给养；另一方面，我不无遗憾地发现，知识流变到常识是一个缓慢的过程，有时看起来接近凝滞。时至今日，依然有人张口就来：古代是封建王朝，古代女子的地位很低，男子三妻四妾，事实却并非如此，远非如此。

你说这些知识重要吗？好像并不那么重要。因为它不至于影响我们对善恶的判断和对事物的认知。再说得悲观一点，在文化流传的过程中，以讹传讹的例子数不胜数，好些时候反而是李鬼胜过了李逵。

可它分明又是很重要的，抵达知道的层面之后，我们需要了解得更深入、真实、准确。不能习惯人云亦云，不能过于依赖碎片化、奶瓶式的知识投喂，再理所当然地将它传递下去。

论起对知识的渴求和学者的尊重，我们远远不及过往的时代。这不是最好的时代，亦不算最坏的时代，我们只是习惯了平庸，妄想着少劳多获。浅薄不是问题，懒惰不是问题，以浅薄为喜是问题，以懒散为荣是问题。当人不能沉下心来思考，不能追本溯源、自发串习时，注定难以拥有深厚的底蕴、稳固的信念，是人心浮躁了，不要去轻言怪责时代和环境。

虽然这本书，着笔于一些古代生活的小细节，但我不认为它是琐细的，相反它们根脉深长，世人难以尽窥玄妙，喝破本来面目。

生活是文化的承载，文化是生活的根源，两者如花照水，如水映月，皆可归于中华文化本身的山川异域，风月同天。

“风月同天”是一句佛偈，其闳约深美之处，难以言尽，拿来做古代文化生活、历史知识普及的书名是合适的，看见这四个字，便仿佛站在时光的涯岸边，看月隐星沉，参流水浮生。人事已非，而光景常新，我们要做的，是“借得花枝三分色，染及空山一缕春”。

安意如

前言

/

如将不尽，与古为新

我们身处的这个时代极具特色，文化的交融与碰撞的规模远超历代。在经济与文化的广泛交流合作中，也不乏文明冲突、新文明冲突的论调。只要打开朋友圈，就会发现这种论争绝不仅仅是学者和思想家之间的纸上战争，也深刻地影响着每个人的生活，如何看待不同文化之间的关系，实际上被视为划分一个人思想倾向的重要指标。没有人能否认全球文化的相互影响，争议的关键在于碰撞而非融合：不同文化之间是否可能真正平等？如果不能，文化的交流应该以何种文化为主体？不同文化优劣如何，换言之谁更适合未来人类？是否有放之四海而皆准的文化模型？不同地域不同民族是否应该坚守自己的文化绝不妥协，又要在何种程度上实现兼容并蓄？这些曾经被哲学家们反复争辩的问题，正在越来越普遍地成为普通人朋友圈中的议题，并伴随着一个个新闻事件，引发广泛的争论，甚至导致一个新的现象，即所谓的“朋友圈撕裂”。

在当前中国社会，文化的交融有纵横两个尺度，从横向来说，是其他地域外来思潮的影响，这一方面，很多学者有非常深刻的论述，中国文化发展本身也融合了不少其他地域的文化，佛教的中国化及其对中国文化的影响就是一个突出的案例。当前社会如何看待外来思潮，已经有不少学者有多种形式的精彩讨论。本书关注的重点是纵向的历程，即中国古代文化变迁中的文化融合与碰撞问题。我选择了两个少人问津的细节领域，展示中国文化发展的两个切面。

中华文明经历了漫长的发展演变，也始终面临着文化的交融与冲突。现在的考古研究已经明确，中华文明的起源，并非一地一端，而是“八方雄起”，这些如群星一样的文明，经过交融合流，最终都依附于同一个主流。在传世文献中，“华夏”一词最早见于《尚书·武成》，“华夏蛮貊[1]，罔不率

①　蛮貊（mán mò），亦作“蛮貉”“蛮貊”。古代称南方和北方落后部族，泛指四方落后部族。

俾[1]”，意思是说无论是中原地区的民族，还是边远地区的民族，都对武王表示顺从臣服。这种顺从并非简单的武力征服，也伴随着“王道教化”的影响。春秋战国时期，百家争鸣，诸子竞起，诸家思想在碰撞交融中绽放出极为精彩的火花，并持续影响着中国文化。在漫长的时间演变中，儒家思想的地位日渐提升，最终成为中国文化思想的主流，其影响浸润到了中国人的文化基因，潜移默化地影响着古代每个人的日常生活。

本书实际上是讨论古人日常生活中一些细节的历史变迁，以此来观察中国人日常生活中的文化观念和习俗的变化。不同于以往学者的宏大叙述，我选择了一批特别琐碎甚至边缘的细节，我将其称之为“边缘文化史”，比如古人使用厕所的历史变迁、古人吃火锅的历史变化、古人对某个神灵形象的信仰过程等。以其中一篇关于哪吒的讨论为例，这个被设定在周代的神祇，实际上在唐代随着佛教密宗经典被引介到中国，并被持续地予以中国化的改造，其本生故事日渐丰满，并在元明时期，正式成为横跨三教的神灵，又因为话剧和《封神演义》等通俗文艺的改造和推广，成为“全民偶像”，

① 率俾（lǜ bǐ），顺从，率领。

在明代末期开始出现广泛的宗教化信仰。再比如关于古代报纸的讨论，聊到古代不同时期的审查和假新闻，和今天我们面临的不少问题有着同样的文化背景。这批文章大部分发表于我在《扬子晚报》及其客户端“紫牛新闻”开设的专栏“侯教授的文化简史”。

从文化变迁的细节观察历史，我关注的当然是文化交融碰撞中的景观，这些古代的话题，可以视作是我用以观察今天我们遇到的文化碰撞的一个切口。据传是晚唐诗人司空图所写的《二十四诗品》中说，“采采流水，蓬蓬远春。窈窕深谷，时见美人。碧桃满树，风日水滨。柳阴路曲，流莺比邻。乘之愈往，识之愈真。如将不尽，与古为新。”很多事情，终古常见，但光景常新。也因为这个缘故，本书的书名取自于文化交流中有名的佛偈。

本书的主要内容源自报纸专栏随笔，文风浅近，难免缺乏厚重之感，但考虑到本书是一部文化随笔集而非学术论文集，没有再改写为严肃的书面语，敬请读者海涵。因为笔者学识浅薄，书中难免错舛众多，恳请方家批评指正。

侯印国

2021年5月

于南京小自在斋

目　录

火锅简史

火锅早已风行大江南北，在海外也逐渐占据潮流美食的一席之地。各种新颖的火锅形式也风起云涌，很能代表中国人对于食物的创新精神。虽然有些美食家对火锅尤其是四川火锅不屑一顾，认为其破坏了食物本身的韵味，但在普罗大众之中，火锅的诱惑依旧难以抵挡。喜欢火锅的人很多，但要问火锅的历史，知道的人就不多了。

· 火锅源头扑朔迷离，汉墓出土了青铜火锅？

和第一个吃螃蟹的人一样，第一个吃火锅的人已经无法查考了。火锅的源头在哪里呢？目前还没有公认的结论，有人说商周时期的青铜鼎就是火锅的原型，尤其是一种“温鼎”，比普通的鼎多了一个可以加炭火的部位。“温鼎”本身

西周晋侯温鼎

明显是一种温器，用来加热保温。网上流传的所谓考据文章，说《韩诗外传》中有“击钟列鼎”的记载，提到众人围在鼎四周，将牛羊肉等放入鼎中煮熟分食，不少关于火锅的文章都信以为真，大加采用，进一步提出战国时期已经有火锅。事实上，《韩诗外传》这部书里，压根就没有这四个字，这不过是一个玩笑或者是一个谣言。

在南昌的西汉海昏侯墓的主墓室东北角，出土过一个奇特的青铜三足器皿。据说现场的专家经过反复讨论，认定它是一个火锅。在电视媒体的采访中，专家明确表示“它是两千年前汉代的火锅，跟我们现在的火锅非常接近”。后来不少媒体跟进报道，特别强调这个“铜火锅”，但仔细观察这个器皿，很难想象这个三足器里加满了热汤锅底，把肉片或者蔬菜扔进去的情形。北京大学文博学院胡东波教授的观点

出土于海昏侯墓的
青铜三足器皿

可能更准确："这个疑似火锅的物品可能是个保温器，而非真正意义上的火锅。按照炭盘所能承载的炭量推测很难将食物直接煮熟，有可能是将已经煮熟的食物端上去保温用的。"

· 铜染炉、铜爨、五熟釜，哪个都不算火锅

西汉墓中，还出土过一种铜器，它的构造可分为三个部分：主体为炭炉，下面是承接炭灰的盘，上面放置一具活动的杯。20世纪50年代它被发掘出的时候定名为"烹炉"，后来又叫"温炉"，80年代以后又发掘出一批，都叫"温酒炉"或"温酒器"，现在基本上都叫染炉和染杯。大部分学者认为这类器具是温酒器，近年有学者认为它是专门温食豉酱的器具。也有个别学者认为这是一种火锅，但这类器具大都很

西汉墓出土的染炉和染杯

小，染杯小而浅，容量超不出三百毫升，整套炉具高不过十五厘米，用来热肉酱是可以的，用来涮火锅就很难说得通了。《吕氏春秋·当务》里记载了一则寓言，齐国有两个武士，分别住在城东、城西，有天一起到店中饮酒，但没有下酒的肉，就商议互相从身上割肉来吃，“于是具染而已，因抽刀而相啖”。一直吃到死在店里。有学者就觉得，这两人肯定是在拿着染炉，割自己的肉涮火锅吃，这简直是不可思议的脑回路。染字就是调料的意思，这句话非常明白，就是两个人只要了点调料就割肉吃了，是形容两人的莽撞。总之，把染杯或染炉定义为火锅，也是没有根据的。

在魏晋南北朝时期，还出现一些奇特的炊具，其中有两种看着跟今天的火锅的那个锅长得很像。一个是铜爨。《魏书·獠传》:“铸铜为器，大口宽腹，名曰铜爨，既薄且轻，易于熟食。”这个叫铜爨的炊具，并非中原人使用，而是有个叫獠的少数民族的特色厨具。另一个是五熟釜，《三国志·魏志·钟繇传》:“魏国初建，为大理，迁相国，文帝在东宫，赐繇五熟釜。”裴松之注:“《魏略》:太子与繇书曰:‘昔有黄三鼎，周之九宝，咸以一体使调一味，岂若斯釜五味时芳？’”这是说魏文帝曹丕还是太子的时候，送了一个独特的锅给相国钟繇，还写信夸赞他这口锅，同时能做五种菜，远超古人。所谓的五熟釜，其实就是分有几格的锅，确实是和现在的“鸳鸯锅”有点像。很多人认为这两种东西就是火锅的雏形。这两种锅虽然跟今天的火锅长得像，但火锅之所

五熟釜

以叫火锅，核心并不是锅，而是要涮着吃，文献里虽然夸赞这两种锅使用方便，但一个字也没有提它们的用法和其他锅有什么不同，要把他们认定为火锅的原型，说服力很是不足，或者说，可能性很小。

·“晚来天欲雪，能饮一杯无”，配的是火锅吗？

唐代大诗人白居易的《问刘十九》是脍炙人口的名篇：“绿蚁新醅酒，红泥小火炉。晚来天欲雪，能饮一杯无？”有人郑重提出，这个红泥小火炉，指的就是火锅或者暖锅。这一说法，甚至被编写进了《中国烹饪辞典》等专业书籍。当下的商家自然不会放过这个传说，据说有名为白乐天火锅的火锅店，刻苦钻研，还真的“复原”出了这个唐代的“红泥小火炉”，生意很是不错。

但古人阅读这首诗，从来都是理解这小火炉是用来温酒的。古代的酒大多数是米酒，没有经过很好的蒸馏，里面杂质比较多，加热之后酒中甲醇等杂质就能挥发，才不会伤身。“绿蚁新醅酒，红泥小火炉”，两句连读，温酒之意非常明显，也和下一句“能饮一杯无”畅通无碍。反倒是要盯着“红泥小火炉”五个字能想出火锅来，简直是不可思议的事情。

我们换个思路看，目前存世的唐代文献数量非常大，不要说各种史书、经注、笔记、小说、文集，单单唐诗也有近五万首，压根就不可能存在整个唐代，只有白居易这一个人一句诗提到火锅，其他所有人都完全没有提到此事的道理。

·南宋“拨霞供”才是真正的火锅

要说真和今天火锅有点像的，是南宋林洪在其《山家清供》一书中提到的一种“拨霞供”。林洪，字龙发，号可山，

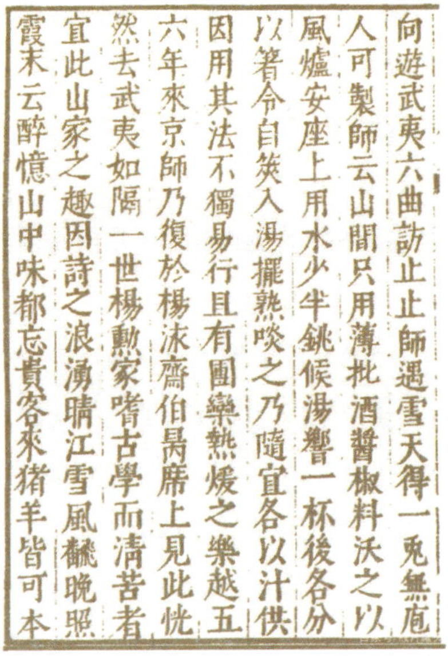
向遊武夷六曲訪止止師遇雪天得一兎無庖
人可製師云山間只用薄批酒醬椒料沃之以
風爐安座上用水少半銚候湯響一杯後各分
以箸令自筴入湯擺熟啖之乃隨宜各以汁供
因用其法不獨易行且有團欒熱煖之樂越五
六年來京師乃復於楊泳齋伯嵒席上見此恍
然去武夷如隔一世楊勲家嗜古學而清苦者
宜此山家之趣因詩之浪湧晴江雪風飜晚照
霞末云醉憶山中味都忘貴客來猪羊皆可本

《山家清供》

南宋晚期泉州晋江人，《山家清供》是他写的一本福建菜谱，共两卷，一百零二节，其中“拨霞供”是这样记载的：

向游武夷山六曲，访止止师，遇雪天，得一兔，无庖人可制。师云：山间只用薄批，酒酱椒料沃之。以风炉安座上，用水少半铫，候汤响，一杯后，各分以箸，令自挟入汤，摆熟啖之，乃随宜各以汁供。因用其法，不独易行，且有团圞热暖之乐。越五六年，来京师，乃复于杨泳斋伯岩席上见此，恍然去武夷如隔一世。杨，勋家，嗜太学而清苦者，宜此山家之趣。因诗之：“浪涌晴江雪，风翻晚照霞。”末云：“醉忆山中味，都忘贵客家。”猪、羊皆可作。

这段文字大意是说，大雪天去武夷山拜访一位止止师，有一个兔子，但没有厨师料理，止止师就告诉他，把兔子肉切成薄片，稍微腌制一下，桌上放一个风炉，再准备半锅汤（当时的汤就是白开水），等汤一开，每个人分一双筷子，自己夹着兔肉在汤里摇摆，直到肉熟了，捞出来沾点调料汁吃。这其实就是涮肉，和今天的涮羊肉也没有什么区别。

当时这样吃的还不止一家，过了五六年，林洪去京城（杭州）朋友杨泳斋家吃饭，又看到了这种吃法，激动不已，还专门写了一首诗来纪念，并且特别强调，猪肉、羊肉都可以这样涮了吃。据《郭西小志》，“杨伯岩，字彦瞻，号泳斋，杨和王诸孙，居临安府第。钱唐薛尚功之外孙，弁阳周公瑾之外舅也。著有《六帖补》二十卷九经补韵卷行世”。可见这位止止师和杨伯岩两人，堪称是中国火锅的先行者，尤其是止止师，堪称中国火锅第一人。

这位止止师，很可能就是南宋末年的诗僧止禅师，他有一首《卜算子》传世，很有一种豪迈之气，“书是玉关来，泪向松江随。梅自飘香柳自青，嘹唳征鸿过。沙漠暗尘飞，嵩岳愁云锁。淮上千营夜枕戈，此恨凭谁破。”南宋末年，江山改易，很多豪杰遁入空门，这位止禅师可能就是其中一位。正因为此，他吃兔肉也就不难理解了。

· 火锅真正盛行是清代皇室推动的

宋代虽然有了跟今天火锅类似的吃法，但昙花一现，流传不广。在明代几百年，几乎没有相关记载，可见并没有普

清 汪承霈《千叟宴图》

及开来。真正推广了火锅的，是清代皇室。“火锅”这两个字，很可能是从清宫里传出来的。在康熙皇帝“千叟宴”的一份菜单中，有一道“野味火锅”，具体内容是：“野味火锅：随上围碟十二品——鹿肉片、飞龙脯、狍子脊、山鸡片、野猪肉、野鸭脯、鱿鱼卷、鲜鱼肉、刺龙牙、大叶芹、刺五加、鲜豆苗。”乾隆皇帝更是举办过有近一千六百五十只火锅的火锅宴。在清宫御膳档案里，野味火锅、生肉火锅、羊肉火锅、菊花火锅都经常出现。

上有所好，下必效焉，加上火锅本身特有的魅力，很快在北京城火热起来，影响力随即辐射全国。当时火锅流行到什么程度呢？定居在南京的乾嘉时期著名学者袁枚为此专门写了一篇《戒火锅》，收录在其名著《随园食单》里，对火锅大加讨伐。这篇文章是这么说的：“冬日宴客，惯用火锅，对客喧腾，已属可厌；且各菜之味，有一定火候，宜文宜武，宜撤宜添，瞬息难差。今一例以火逼之，其味尚可问哉？近人用烧酒代炭，以为得计，而不知物经多滚总能变味。或问：菜冷奈何？曰：以起锅滚热之菜，不使客登时食尽，而尚能留之以至于冷，则其味之恶劣可知矣。”正是这种批评，更能看到火锅的风行程度。

清宫里有一种高端的火锅叫菊花火锅，是慈禧太后的挚爱，在德龄《御香缥缈录》中详细介绍了它的做法和吃法。

清代火锅

清 绿彩龙纹火锅

简而言之，这种火锅是在鸡汤中加入白菊花瓣，花香浸入汤中之后，涮生鸡片等生肉片，据说芬芳扑鼻，别有风味。

·称霸江湖的后起之秀：四川火锅

四川菜在中国古代出名很早，在宋代《东京梦华录》一书中，就记载了宋徽宗时期，京城汴都有不少川食店。不过那时候辣椒还没有传入中国，川菜和今天大有不同。至于以麻辣鲜香为特色的四川火锅，则起源并不久远，大概是在清朝末年，才从民间慢慢产生，其起源地一说是四川泸州，一说是重庆江边，都有道理。

四川火锅和重庆火锅扬名全国，有两个历史节点。第一个是抗日战争时期，民国政府在重庆多年，很多政府高官、教授名人第一次品尝到重庆火锅，大都为其折服。女作家丁玲第一次吃火锅，就是在四川被郭沫若拖去的，一吃心喜。因为这些名流要员的“代言”推广，川式火锅影响力大增，和老北京火锅分庭抗礼。第二个节点则是改革开放以后。事实上我们今天喜欢吃的很多菜品，都是改革开放以后才出现的。单就川菜来说，大量辣菜也都完善于20世纪80年代以后。川式火锅的崛起，也是近几十年的事情。

月饼简史

中秋节的历史非常悠久，不过月饼则并非如此。虽然“太史饼”之类的传说很美好，但事实上，作为中秋节的“限定美食”，月饼出现其实很晚。

·南宋最早有“月饼”，但和中秋节没有关系

北宋苏轼的《留别廉守》诗中有一句“小饼如嚼月，中有酥与饴”，往往被认为是描写月饼的诗句，甚至有个别网友以讹传讹，还以这一句为基础，伪造了几句凑进去，真假混杂，而且直接将这首诗的题目故意错写成《月饼》。有一些介绍中秋文化的文章不加考辨，纷纷引用，难免可笑。这句诗当然和我们今天意义上的月饼没有关系，它只是说有一种甜点，样子圆圆像月亮，用了酥油和糖来做馅

清《十二月令图》仲秋

儿。这种甜点也不是说只有中秋节吃，它也是一种日常甜点。再往后，在南宋《武林旧事》等书中，提到有一种面食叫“月饼”，不少人认为这就说明宋代人已经在中秋节吃月饼了。其实不然，当时叫“月饼”的食物，只是一种日常美食，这种食物和今天的饼长得也不像，它是蒸出来的，更像是包子。

两宋之际中秋节的习俗，在《东京梦华录》等书中有很详细的记录，中秋节前后，酒店会卖新酒，所以喝新酒是当时中秋节的“保留节目”，至于食物，比较应景的是刚刚上市的螃蟹和石榴、榅勃[①]、梨、枣、葡萄、枨橘[②]等时令水果。晚上赏月，富贵人家家里亭台楼阁张灯结彩，普通人家则纷纷跑到酒楼里来，大家欣赏各色表演，热热闹闹，直到通宵。除了螃蟹和水果，两宋之际郑望的《膳夫录》中，提到中秋夜的节令食物有“玩月羹”。事实上，在当时中秋风俗中，并没有吃月饼这一项。

① 榅勃就是木梨。

② 枨橘就是橙橘。

·中秋吃月饼，明代才开始，只是比今天的月饼大很多

传说在元代，汉人为了抵御外族统治，以饼为暗号，约定八月十五起义反抗，后来中秋节就有了吃月饼的习俗。这当然只是一个民间传说故事，并非真实历史。中秋节开始吃月饼，其实是明朝以后才有的事情。嘉靖年间田汝成所著的《西湖游览志余》卷二十“熙朝乐事”记载杭州的中秋节：“八月十五日谓之中秋，民间以月饼相遗，取团圆之义。是夕，人家有赏月之燕，或携榼游船，沿游彻晓。苏堤之上，联袂踏歌，无异白日。”这个时候人们在中秋节，才开始互相馈赠月饼，将之视为团圆的象征。万历年间的太监刘若愚《酌中志》中则记载了当时北京皇宫和民间的中秋节，也提到了月饼，“(八月)宫中赏秋海棠、玉簪花。自初一日起，即有卖月饼者。加以西瓜、藕，互相馈送……至十五日，家家供月饼瓜果。候月上焚香后，即大肆饮啖，多竟夜始散席者。如有剩月饼，仍整收于风凉干燥之处，至岁暮合家分用之，曰团圆饼也”。寓意团圆的月饼，当时也被叫作“团圆饼”，和西瓜、莲藕等一起，是中秋节亲友之间互相馈赠的标配，也是晚上供月的主要供品。

当时的月饼和今天的不同之处，在于它特别大，要是当时有说唱歌手，见了一定会情不自禁地唱：“你看这月饼，

又大又圆！”明朝刘侗、于奕正编著的《帝京景物略》卷二记载："八月十五祭月，其祭果饼必圆；分瓜必牙错瓣刻之，如莲花……月饼月果，戚属馈相报，饼有径二尺者。”这是说当时月饼特别大，甚至能达到“径二尺”，也就是直径66厘米左右，这跟常见的自行车轮胎一样大了。这样大的月饼当然不是一个人能吃掉的，全家共享这一个大月饼，正是“团圆”之意。

正因为当时中秋节的月饼普遍比较大，在明代早期的时候不称呼其为月饼，而是叫作“太饼”。明太祖第十七子朱权在《臞仙神隐书》“八月”条中记载："其十五日夜，金精旺盛之时，月光最盛，合家大小于庭前长幼而坐，设杯盘酒食之具。乃造太饼一枚，众共食之，谓之八月求团圆。”这个记载非常清楚，当时是一家人分着吃一个大月饼。

这种大月饼的风俗一直延续到清代。如道光《大同县志》记载："中秋节：八月初一日后，凡饼铺俱开炉做饼，名月饼……其供月之饼大至三二尺许，名团圆饼。供毕，分给家人，不及外戚，外戚别制饼遗之。”直到晚清的《燕京岁时记》，还记载有这种大月饼，“中秋月饼以前门致美斋为京都第一，他处不足食也。至供月饼到处皆有。大者尺余，上绘月宫蟾兔之形。有祭毕而食者，有留至除夕而食者，谓之团圆饼”。在皇宫中，甚至还有数十斤重的大月饼。基本上是到了清代以后，方便食用的小月饼也开始慢慢流行开来。

· 古代月饼的口味有哪些？

在今天，除了常见的豆沙、枣泥、五仁、蛋黄、莲蓉之类的口味，各种神奇口味的月饼层出不穷，什么巧克力月饼、鲍鱼月饼、榴莲月饼、烤鸭月饼之类，只有想不到的，没有见不到的。在古代，月饼的口味就逊色很多，最简单的，不过就是一个实心面饼。当然，也有一些口味稍微讲究的月饼。

清代大才子袁枚，在他完成于南京的美食名著《随园食单》中，记载了一种“刘方伯月饼”。这种月饼的制作方法是“用山东飞面，作酥为皮，中用松仁、核桃仁、瓜子仁为细末，微加冰糖和猪油作馅。食之不觉甚甜，而香松柔腻，迥异寻常”。这种酥皮并以种种果仁为馅料的月饼，正类似今天备受吐槽的五仁月饼。

清代曾懿的《中馈录》中特别详细地记载了一种“酥月饼”的做法，“用上白灰面，一半上甑蒸透，勿见水气，一半生者以猪油合凉水和面，再将蒸熟之面，全以猪油和之。用生油面一团，内包熟油面一小团，以擀面杖擀成茶杯口大，叠成方形，再擀为团，再叠为方形，然后包馅。用饼印印成，

北宋 刘宗古《瑶台步月图》

上炉炕熟，则得矣。油酥馅则用熟面和糖及核桃等，略加麻油，则不散矣”。这种家常的小月饼，显然也是酥皮果仁馅儿的。《红楼梦》里也记载过贾府吃的月饼，基本上也是属于五仁月饼的范畴。

普通人家大都吃五仁，但皇宫里口味就显得丰富一点，就馅料的口味来说，有蜜饯果脯馅儿的，有橙沙馅儿的，有枣泥馅儿的，有芝麻椒盐馅儿的。这比普通人家的月饼就精致了不少，但和今天各种脑洞大开的风味月饼相比，就大失其色了。

很多今天我们熟悉的月饼口味，出现都很晚。比如经典的莲蓉月饼，就有“有了莲香楼莲蓉，才有莲蓉月饼”的说法，莲香楼1889年才创立，发明莲蓉月饼就更晚了，距今也不过百年左右的时间。上海著名的鲜肉月饼，很有可能是20世纪70年代之后才有的。再比如冰皮月饼，更是香港企业在20世纪80年代末才发明出来的，基本上就是一个准“90”后，距今不过三十多年。

食蟹简史

蟹有不少别名，比如叫螃蟹，这个“螃”最早就是“旁”字，因为它是侧着走的；一名郭索，这是源自它爬行的声音；又名介士，这是因为古人觉得它骨头长在外面，非常硬气；又号无肠，因为古人觉得它“内空”，其实螃蟹也是有肠子的。《广雅》说公螃蟹叫蜋蚁[1]，母螃蟹叫转带。梁实秋在《雅舍谈吃》里说“蟹是美味，人人喜爱，无间南北，不分雅俗”，秋风起，蟹脚痒，膏满蟹肥，来聊一聊中国人吃螃蟹的文化历史。

① 蜋蚁（láng yǐ），雄蟹的别名。

· 先秦两汉：见过的人多，吃过的人少

中国人很早就见过螃蟹这种动物。被选进中学教材的《荀子·劝学》中就说："蟹六跪而二螯，非蛇鳝之穴无可寄托者，用心躁也"，这是教育我们做人不能浮躁。不过我们见到的螃蟹都是八条腿，《荀子》里却说"六跪"，为什么呢？答案当然就是，抄错了。古代还真有人因为这个《劝学篇》吃了亏的。《世说新语》里记载东晋名臣蔡谟，到了江南看到一只蟛蜞，大为惊喜，说这不就是传说中的螃蟹吗？马上让人煮好了端上来，吃完上吐下泻。名士谢尚听了这事就嘲讽他，"卿读《尔雅》不熟，几为《劝学》死"。意思是你不好好读读词典《尔雅》，弄明白螃蟹长啥样，读了《劝学》就到处乱吃，吃不死你！

我们还回到先秦两汉来。比《荀子》稍早的《庄子》，在《秋水篇》中说"蟹与科斗，莫吾能若也"，《国语》里也有"稻蟹不遗种"的文字，可见春秋战国时期，螃蟹已经是个常见的物种了。不过正如鲁迅先生的那句名言："第一次吃螃蟹的人是很可佩服的，不是勇士谁敢去吃它呢？"经常有人说中国人吃螃蟹始于周朝，更有甚者，言之凿凿，说周朝螃蟹已经是御膳了。事实上，整个先秦以至到了两汉，文献中关于吃蟹的记载是非常少见的。

在《周礼·天官冢宰第一》中说“庖人”这个官职需要负责“祭祀之好羞（馐）”，那这个用来祭祀的好馐有什么呢，东汉郑玄的注里说有“青州之蟹胥”，这种产自山东的蟹酱用于祭祀，有没有人吃就不知道了。《汲家周书》里说，周成王时，海阳献蟹。但成王吃了没有，史无明文。秦汉两代则几乎没有关于吃螃蟹的记载。总的来说，整个先秦两汉，看见螃蟹的多，动口吃螃蟹的就很少了。

·魏晋南北朝：有酒有蟹过一生

魏晋南北朝真是一个浪漫的时代，这个时候人们忽然就开窍了，吃螃蟹的记载层出不穷。最有名的莫过于《晋书·毕卓传》中记载的，晋朝名士毕卓一生的愿望，就是：“得酒满数百斛船，四时甘味置两头，右手持酒杯，左手持蟹螯，拍浮酒船中，便足了一生矣。”一只手端着酒杯，一只手拿着蟹螯，人生之乐，莫过于此，这是多么潇洒的人生。后来宋代苏轼的诗句“万斛船中着美酒，与君一生长拍浮”，用的正是这个典故。

吃螃蟹的风气大概始于南方，所以当时北方人甚至有人觉得吃蟹是南方人的特征。《洛阳伽蓝记》中记载，北魏杨元慎奚落南梁陈庆之说：“吴人之鬼，住居建康。小作冠帽，短制衣裳。自呼阿侬，语则阿傍。菰稗[1]为饭，茗饮作浆。呷啜莼羹，唼嗍[2]蟹黄。手把豆蔻，口嚼槟榔。乍至中土，思忆本乡。急手速去，还尔丹阳。”这里提到的“唼嗍蟹黄”，真是说出了吃螃蟹的精髓。嗍，就是用唇舌裹食，吮吸。

当时螃蟹的做法非止一端，北魏农学家贾思勰的《齐民要术》中对蟹的吃法大谈特谈，有蒸、炸、面拖、酒醉等各种做法，还有用糖和盐腌制的“藏蟹法”。这其实就是后代的糖蟹。贾思勰还特别提到，吃这螃蟹要蘸生姜末和醋，一千五百多年后的今天，我们吃螃蟹依旧还是用这样的佐料。

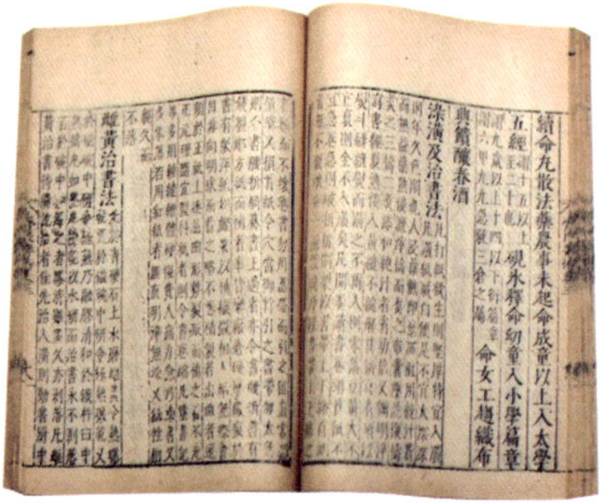

《齐民要术》书影

① 菰稗（gū bài），茭白和稗子。

② 唼嗍（shà suō），指吃食。

糖蟹是当时很受欢迎的一种吃法，《南史》记载佛教徒何胤早年侈于美味，每天都吃白鱼、鳝脯、糖蟹。隋炀帝也很喜欢糖蟹，《清异录》记载："炀帝幸江都，吴中贡糟蟹、糖蟹。每进御，则上旋洁拭壳面，以金镂龙凤花云贴其上。"就是说隋炀帝到扬州的时候，吴人进贡糟蟹、糖蟹，隋炀帝会亲自擦拭螃蟹的背壳，还要贴上黄金丝制成的龙凤花云，足见他对这美食的酷爱。

·蟹黄包来了，唐代蟹肉美食多

唐宋时期是中国美食史上的一个高峰，螃蟹的吃法也翻出无数花样。糖蟹依旧是受欢迎的做法，隋炀帝之后，唐代的皇帝也很喜欢这种美食，《新唐书·地理志》中提到沧州景城郡的贡物，其中就有糖蟹。段成式在《酉阳杂俎》中提到平原郡的贡品糖蟹通过快递直接送到长安。唐代段公路的《北户录》中专门一条有"糖蟹法"，介绍糖蟹的详细做法，和《齐民要术》中的"藏蟹法"大致相同。

唐代已经有蟹黄包了，当时刘恂的《岭南表异》中介绍蟹黄，说"蟹壳内有膏如黄酥，加以五味，和壳煿[1]之。食

①　煿（bó），烘烤。

亦有味。赤蟹壳内黄赤膏如鸡鸭子黄，肉白，以和膏，实其壳中，淋以五味，蒙以细面，为蟹饦，珍美可尚”。这里提到两种做法，一种是连壳带蟹黄一起，加上调料煎炒，另一种是把蟹黄蟹肉加上调料，用面粉做成“蟹饦”，后面这个蟹饦已经很像是蟹黄包了。而长安还有人销售蟹黄饆饠，饆饠也叫毕罗，是一种有馅儿的、蒸成的面食，蟹黄饆饠其实完全就是蟹黄包。

唐代对于蟹肉有非常精细的吃法。唐中宗景龙年间，韦巨源官拜尚书令，在家请唐中宗吃饭，当时的菜单部分保留了下来，菜肴共有五十八种，其中有个菜叫“金银夹花平截”的，看名字都不知道是啥，它的做法是“蟹肉剁细，包入卷筒”。

· 宋代迈上专业吃货道路，专人养殖螃蟹，还出了两本螃蟹专著

用一个词来形容宋代的吃蟹，那就是专业。五代开始，就有了政府安排专门养殖螃蟹的“蟹户”，螃蟹产业开始形成。最能代表专业性的是当时出现的两本螃蟹专著，北宋傅肱的《蟹谱》和南宋高似孙的《蟹略》。傅肱是北宋浙江绍兴人，《蟹谱》共两卷，上卷记录螃蟹的各种典故四十二条，

宋 佚名《荷蟹图》

下卷则记载自己所见所闻的和螃蟹相关的趣事二十四条，书写得非常“雅驯有趣”。高似孙是浙江宁波人，《蟹略》有四卷，卷一有螃蟹传记、螃蟹起源和螃蟹的考察，卷二对各地和各时节的螃蟹做了详细品鉴，卷三特别介绍了螃蟹相关的美食，卷四则介绍螃蟹相关的文艺作品、诗词歌赋。

《蟹略》中记载的当时常见的“蟹馔”，就有十三种：洗手蟹、酒蟹、蟹蝑[①]、盐蟹、蟹馇、蟹羹、糟蟹、糖蟹、蟹斋、蟹黄、蟹饆饠、蟹包、蟹饭。在《东京梦华录》中，还提到煠[②]蟹、烁蟹等做法。其中最经典的当属洗手蟹，宋代很多文献中都有记载。所谓洗手蟹，就是活蟹剖析后加调料，洗个手的工夫，立即可食。祝穆《事文类聚·介虫·蟹》:“北人以蟹生析之，调以盐梅[③]、芼[④]橙椒[⑤]，盥手毕即可食，目为洗手蟹。”

宋代另一种经典美食叫“螃蟹酿橙”。南宋《梦粱录》卷十六记载：“取黄熟带顶大橙子，截顶去瓤，留少许汁液，

① 蟹蝑（xiè xū），也作“蟹胥”，一种螃蟹酱。

② 煠（zhá），同“炸”。

③ 盐梅，指盐和梅子。盐味咸，梅味酸，均为调味所需。

④ 芼（mào），用手指摘取。

⑤ 橙椒，指橙皮与椒类配合制成的调味佐料。

将蟹肉、蟹黄、蟹油酿入橙盅，装入小甑，以酒、水、醋蒸熟，用盐拌而食之。”就是把大橙子切去顶，挖掉果肉，只保留一点汁液，再把蟹肉、蟹黄、蟹油放进去，最后再用酒、水、醋调和成的汁来蒸熟，出锅撒点盐就可以吃了。刘克庄有诗云“叶浮嫩绿酒初熟，橙切香黄蟹正肥”，估计说的就是这“蟹酿橙”。

当时北方能吃螃蟹的，大概还是富贵人家。很多平民从没有见过螃蟹，《梦溪笔谈》里记载了一件趣事，说当时很多陕西人从没有见过螃蟹，有个家境好一点的人，弄到了一只，但直到这螃蟹变干都没有敢吃，挂在墙上当装饰品。邻居们见了，吓得掉头就跑，以为是妖怪。后来见得多了，也慢慢就不怕了，但又觉得这东西可以辟邪。谁家里出了什么事儿，就把这干螃蟹借去挂在门口，居然往往有效。原来不仅人没见过这东西，连鬼也没有见过！

· 清蒸，明清人的螃蟹之道

明清时代，螃蟹的吃法返璞归真，更多用我们今天非常熟悉的清蒸。当时记载中的各种“蟹会”（螃蟹宴），吃法都和今天类似。比如明代刘若愚《明宫史》中记载的宫廷内的一次蟹会，“（八月）始造新酒，蟹始肥。凡宫眷内臣吃蟹，活洗净，用蒲包蒸熟，五六成群，攒坐共食，嬉嬉笑笑。自揭脐盖，细细用指甲挑剔，蘸醋蒜以佐酒。或剔蟹胸骨，八路完整如蝴蝶式者，以示巧焉。食毕，饮苏叶汤，用苏叶等件洗手，为盛会也”。螃蟹洗干净，蒸熟，五六个人围在一起，一边嬉笑一边吃蟹，蘸醋蒜，再配上酒。有的心灵手巧的，吃完螃蟹肉之后，螃蟹壳都是完完整整的，他们把这壳儿拼

明 徐渭《蟹鱼图》

成蝴蝶的样子。

晚明时期张岱在《陶庵梦忆》中也记载他们当年的“蟹会”，“煮蟹食之，人六只，恐冷腥，迭番煮之”。还要配上各种美味佳肴，“从以肥腊鸭、牛乳酪、醉蚶如琥珀，以鸭汁煮白菜，如玉版；果瓜以谢橘、以风栗、以风菱，饮以‘玉壶冰’，蔬以兵坑笋，饭以新余杭白，漱以兰雪茶”。

在《红楼梦》第三十七回，宝钗提议设螃蟹宴，“这个我已经有个主意。我们当铺里有个伙计，他家田上出的很好的肥螃蟹，前儿送了几斤来。现在这里的人，从老太太起连上园里的人，有多一半都是爱吃螃蟹的。前日姨娘还说要请老太太在园里赏桂花吃螃蟹”，这就有了第三十八回《林潇湘魁夺菊花诗　薛蘅芜讽和螃蟹咏》，对一大家子吃螃蟹有引人入胜的描写，也都是清蒸。每次读到这一回，都让人不由得垂涎三尺。

在明代以前，吃螃蟹都是用手。明清时期苏州地区发明了著名的“蟹八件”，有锤、镦、钳、铲、匙、叉、刮、针八种，有垫、敲、劈、叉、剪、夹、剔、盛等多种功能，吃螃蟹一下子变得优雅起来。据说在晚清时候，“蟹八件”还是苏州姑娘们出嫁必备的嫁妆。

·“蟹仙”李渔，中国爱蟹第一人

中国古代爱吃螃蟹的名人太多了，比如宋代文豪苏东坡，苏东坡著有《老饕赋》，其中描述了自己最喜欢吃的几种美食：“尝项上之一脔，嚼霜前之两螯。烂樱珠之煎蜜，滃杏酪之蒸羔。蛤半熟以含酒，蟹微生而带糟。盖聚物之天美，以养吾之老饕。”“霜前之两螯”指的是秋后螃蟹成熟时那两只蟹螯，而“蟹微生而带糟”自然是指醉蟹。再比如陆游吃糟蟹，写诗感慨“蟹肥暂擘馋涎堕，酒绿初倾老眼明”。但要论爱蟹第一人，还当属被后人推为“蟹仙”的李渔。

李渔是我们非常熟悉的明末清初文学家、戏剧家，素有才子之誉，是一个天才型的学者和艺术家，浙江金华人，后来在南京生活了二十六年，又移居浙江杭州。他对螃蟹堪称痴迷，自称“终生一日皆不能忘之”，家人称他是“以蟹为命”。螃蟹价格贵，他吃的又多，囊中往往因之羞涩，于是每年不到螃蟹上市的时节，他就开始早早存钱，准备用来买螃蟹，这笔钱他叫作“买命钱”，他对螃蟹的痴迷可见一斑。

李渔爱吃螃蟹，更是会吃螃蟹，吃出了螃蟹的哲学。首先，他认为最美味的螃蟹，就是简单清蒸，“蒸而熟之，才能不失真味”，并且升华为一种哲学高度，提出“世间好味，利在孤行”，世间的美味，其实以简朴为上，这和宋人“人间至味是清欢”，正是一样的道理。所以他在《闲情偶寄》里写道：“凡食蟹者，只合全其故体，蒸而熟之，贮以冰盘，列之几上，听客自取而食。”

李渔为了螃蟹，还专门在家养了一个丫鬟帮忙做蟹、剥蟹，取名就叫“蟹奴”，他还有专门用来做醉蟹的一整套物资：蟹糟、蟹酒、蟹瓮……这位爱蟹如命的大才子，真正堪称中国蟹仙。

厕所简史

以前有一句戏言，“天下英雄豪杰到此俯首称臣”，说的正是厕所。虽然大家不怎么愿意谈论，但毫无疑问，厕所是美好生活必不可少的重要空间。在中国古代，厕所发展经历了怎样的变迁，我们简单来聊一聊。

· 最早的厕所是个坑，中国最衰皇帝淹死在厕所

远古时期的厕所形制，已经很难考察，但就现有文献推测，他们的生活区域很可能没有单独的厕所。需要方便的时候，找个空地，或者干脆就在猪圈里解决。所以古代猪圈和厕所，其实是同一个字——“圂”。之所以选猪圈，自然是为了积攒粪肥。在春秋战国时期，贵族们开始使用独立厕所，这种厕所其实就是在路边挖一个坑，名字叫“井匽”。《周

灰陶猪圈

礼·天官·宫人》说宫人的职责之一是“为其井匽，除去不蠲（即不洁），去其恶臭”。郑玄的注释就说：“郑司农云：匽，路厕也。”根据《说文》和《广韵》，这个“匽”字，本意有隐匿的意思，厕所肯定是修在稍微隐蔽一点的地方，所以也用这个字。之所以叫井匽，就是因为这个厕所就是一个像井一样形状的坑。

陶猪圈

要说道春秋战国时期的厕所，就不能不提史上死的最没有尊严的皇帝晋景公，这位生活在两千六百年前的晋国国君（前599—前581年在位），晚年重病，老做噩梦，就找了个巫师来解梦，这巫师坦诚相告，“大王，新上市的麦子，您老人家是吃不到了”，这就是摆明了说晋景公活不到麦子收割啊。转眼间，到了麦子收获的时节，仆从们献上

陶猪圈

西汉 曲尺形带圈陶屋

用新麦做好的饭。晋景公想起当年那个解梦的可恶巫师，就让左右把他捉来，让他亲眼看到自己吃到新麦，然后再干掉他，一解心中怨气。但他正要吃饭的时候，忽然觉得肚子有点胀，还是得先上个厕所。这一上不得了，上出了世界厕所史上浓墨重彩的一笔，一国之君，竟然掉到粪坑里淹死了。那个巫师得意扬扬，我早就说你吃不到新麦，果然没吃到吧！

要避免晋景公遇到的这种危险，坐便器无疑是个很好的解决方案。我国曾出土过公元前2300年左右的漆木坐便器雏形。这种坐便器，也是放置在坑厕上使用的。坑厕一直绵延至今，在北方至今能看到遗存。

·汉代有了室内厕所，还广泛使用“移动厕所”

在中国厕所史上，汉代是非常重要的一个朝代。首先，这个时期贵族们用上了室内厕所。这个厕所一般是设置在主卧的侧室，有时候甚至就在床的侧面。所以这个“厕”字和“侧”字就长得很像。《汉书·汲黯传》：“卫青侍中，上常踞厕视之。”应劭注：“床边侧也。”这是说汉武帝时名将卫青，去见汉武帝的时候，武帝经常蹲在厕所上看着他。这个画面让人有些不忍直视。汉武帝是蹲着上厕所的，也有人是使用坐便设备，在坑上安置可以座的架子。在考古发掘的芒砀山梁孝王王后地宫等地，还能看到这种坐便厕所的遗迹。这个遗迹的厕所甚至可以用水管冲走污秽，以至于有人将其称为“世界上最早的抽水马桶”。

汉代的另一大举措，则是开始广泛使用“移动马桶”，当时叫作“虎子”，也叫“伏虎”，这东西得名，大概是因为这个物件长得像一个伏在地上的老虎。传说这个东西和飞将军李广有关。《文昌杂录》：“李广射虎，断其髑髅以为枕。又铸铜象形为溲器，谓之虎子。”就是说李广射死老虎后，用老虎骨头当枕头，又模仿老虎的样子，做了一个用于小便的设备，就叫虎子。

三国 青瓷虎子

虎子也并不是汉代发明的，《周礼·天官·玉府》中载：“掌王之燕衣服。衽席、床笫，凡亵器。”贾公彦疏：“云亵器，清器、虎子之属。”贾公彦认为《周礼》里提到的“亵器”，就是后来虎子的原型，这应该是有道理的。虎子在早期可是一个奢侈品，《西京杂记》：“汉朝以玉为虎子，以为便器。使侍中执之，行幸以从。”当时宫里的虎子，都是玉做的，其余人家，则用铜、陶、瓷、木等材质。以后历代，皇家的虎子都非常精美。虎子早期主要是用来处理小便，后代还有叫“尿盆”的。宋太祖赵匡胤征服后蜀，就把后蜀皇宫中的宝贝全都搬到自己家，其中有个装饰玛瑙翡翠的盆，尤其精美，赵匡胤爱不释手，还把它摆在桌子上，甚至想用它喝酒。直到有天后蜀宠妃花蕊夫人被他召见，一眼看见这宝盆被供在桌上，惊讶道：“这是先王用过的尿盆啊！”

·魏晋南北朝，贵族厕所远超今天五星酒店

到了六朝时期，已经出现了非常豪华的厕所，其中有些厕所的奢侈程度，远超今天五星酒店厕所所能提供的服务。《世说新语》里记载的一则故事让我们得以窥见当时高端厕所的配置。话说王敦和晋武帝司马炎的女儿成亲，去公主府的时候上了个厕所，看到厕所里有一个非常华美的漆器箱子，打开一开，全是散发着幽香的枣儿干。他以为这是配的食物，就吃得一干二净。上完厕所出门，有美女捧着金澡盘、琉璃碗，里面分别盛着水与澡豆，他以为是午饭，又上前二话不说，把澡豆倒进水里，大嚼一通。其实，那厕所里的枣干，是用来塞鼻子的，那美女送上来的水和澡豆，是用来洗手的。后来“澡豆为饭”成了一个成语，专门形容一个人没见过世面的样子。

不说王敦的窘态，但看这厕所的配置，洗个手都有专人服侍，还得用金盘和琉璃碗，这是现在五星级酒店也没有的享受啊！西晋的石崇是中国历史上有名的奢侈之人，他家的厕所更是豪华。有个朋友去他家做客，顺便上厕所，推开厕所门一看，“有绛纱大床，茵褥甚丽，两婢持香囊侍立”，厕所里是挂着绛纱的大床，上面铺着华美的席子，两个美貌婢女手持香囊站在两旁。这客人当时就以为闯进主

人卧室了，石崇这时候微微一笑，跟他说，没错，这就是我家的厕所！

·唐宋，“马桶”这一名字登上舞台

马桶的前身，就是前面提到的“虎子”。唐太宗的皇叔叫李虎，大概小名就叫虎子，大家每天把上厕所的东西喊成虎子，实在是不够恭敬，为了避讳，“虎子”就从此改成了“马子”。长得像卧虎的马子用起来其实并不方便，慢慢就转变成了桶装，这个时候，“马桶”一词就登上了历史舞台，并且绵延至今。

马桶在宋代，几乎家家户户都有。南宋吴自牧《梦粱录·诸色杂买》中记载：“杭城户口繁伙，街巷小民之家多无坑厕，只用马桶。”在当时的首都杭州，很多普通百姓家里都没有“坑厕”，只能使用“马桶”。这是因为当时杭州人口太多，大部分人居住的地方非常狭小，没有空间设置蹲坑式的厕所。当时的杭州还有一种职业叫作“粪人”，也叫“倾脚头”，每天专门到各家各户去倒马桶。

从“亵器”到“虎子”再到“马桶”，到了宋代，这种“移动厕所”就基本上定型了，一直用到民国，都是千家万户的必备用品。在宋代到清代的不少文学作品中，都有关于马桶

的描述。我们现在也可以想见，这种木马桶毕竟不够方便，所以古代随地大小便的情况非常常见。据说清代皇宫里，经常有宫女太监跑到墙角方便，以至于太和殿的偏僻角落，也经常阵阵臭味。在《红楼梦》里，进了大观园的刘姥姥吃坏了肚子，要了张纸就要当场脱裤子，吓得大家赶快找了个婆子带她去厕所。

抽水马桶是英国人发明的，一直到19世纪后半叶，随着排污管道和自来水管道的普及，抽水马桶才真正开始在欧洲流行开来，在中国普及更是20世纪以后的事情了。

· 古代很长时间不用手纸，而是用木头片擦屁股

我们知道，纸的发明是汉代以后的事情，但在中国历史上，有非常长的一段时期，都没有手纸一说。有学者认为，中国人上厕所用纸，那是元代以后才有的事情。我们现在看文献，确实是没有找到汉魏晋六朝隋唐宋这么长时期有厕所用纸的记载。也就是说，不管是赵飞燕还是杨贵妃，不管是李白杜甫还是苏轼王安石，他们上厕所都不用纸的。那么当时上完厕所用什么来擦呢？是用“厕筹”。一般是竹片或者木片，条件不好也就只能用瓦片了。这种厕筹说起来也很环保，乃是循环使用。每次用完之后，洗涤干净，下次还能接

厕筹

着用。有些富贵人家，还要用丝绸做成精美的套子，专门用来装这些厕筹。《北史》记载齐文宣帝性格扭曲，上厕所的时候要让宰相给他递厕筹。

提到厕筹，有个很有名的故事。宋代马令的《南唐书》里记载，南唐后主李煜和周皇后非常崇敬佛教，对僧人也非常呵护。以至于“亲削僧徒厕简，试之以颊，少有芒刺，则再加修治。”凡是僧人们上厕所要用的木片，他一定要亲自在自己脸上试用，要是擦在脸上发现这木片上有些许木刺，不够平整，一定要赶快修整。

在纸张广泛应用到如厕之后，厕筹这东西也没有消亡。元陶宗仪《辍耕录》：“今寺观削木为筹置溷中，名曰厕筹。”

明代的《甲乙剩言》中记载："尝客安平，其俗如厕男女皆用瓦砾代纸，殊为呕秽。"到这个时期，还有的地方用碎瓦片的。

《本草纲目》中，厕筹居然还是一味药材，主治难产之类的病症。据其记载，要是小孩子惊到了，两个眼睛盯着地下翻不上来，就可以把厕所里的厕筹浸泡在童子尿里，再拿出烘干成末，抹在这孩子脑门上就好了。

古代垃圾简史

· 挖坑填埋，延续五千年的垃圾处理方法

中国古代垃圾处理制度出现非常早。在田野考古常见的一种遗迹叫作“灰坑”，就是填充有文化堆积的坑状遗址，其中的文化堆积往往包括在此生活的人们有意或无意留下的废弃物。灰坑形状多样，方形、圆形乃至不规则形都有。学者研究发现，有一部分灰坑是废弃的水井或窖穴，还有一部分灰坑就是古人专门用来填埋垃圾的垃圾处理坑。目前有发现先秦时期的垃圾灰坑，有的甚至距今有四千多年。这些垃圾坑里的垃圾，甚至有一部分是经过焚烧处理后才被填埋的，可见当时已经有比较清晰的垃圾处理意识和垃圾处理手段。

这种填埋方法在世界其他文明中也有发现，有西方考古学家在希腊克里特岛对克里特文明进行考古挖掘后提出，大

滕州西公桥遗址灰坑

约五千年前，岛上的人们就已经学会用填埋方法处理垃圾，他们会挖一个很大的坑，把垃圾层层叠叠倾倒之后铺土掩埋。埃及人则在两千多年前采用了一种类似填埋的垃圾处理方法，当时的贵族有意识地集中收集各家的垃圾，然后一起倾倒进尼罗河。

·回收利用，古代就有人靠垃圾分类致富

从传世文献来看，商周时期人们已经有意识地收集粪便这种特殊垃圾对田地进行施肥，类似的记载在后代史料中非常常见。正因这种垃圾有特殊的施肥价值，唐代张鷟《朝野

佥载》中曾记载了一位靠收集和倒卖粪便而家财万贯的富翁。这个人叫罗会，生活在唐代初年，专门义务收集长安城里的人畜粪便，再出售给郊外种地的农民。虽然他的工作被人视为卑贱，街坊邻居戏称他为“除粪夫”，把他家也蔑称为“鸡肆”，但他的住处其实非常豪华。一位叫陆景阳的文人去他家参观，发现各种装饰都非常奢华，屏风等当时风行的奢侈品也一应俱全，家眷们也无不身穿绫罗绸缎。罗会虽然家境如此优渥，但他并未因此放弃他的本行生意。陆景阳很诧异地问他，“你都这么有钱了，怎么还干这么低贱的营生”，罗会回答说，“有钱虽然有钱，但是要是不继续倒卖粪便，也很快会坐吃山空的”。

古代的垃圾中有害垃圾很少，很多垃圾都属于今天垃圾分类中的可回收垃圾。唐太宗时期有个山西人叫裴明礼，他是有记载第一个靠垃圾分类致富的人。《太平广记》里说他致富的生意是“收人间所弃物，积而鬻之”，他专门收集人们扔掉的垃圾，数量积攒较多之后，分门别类进行售卖，居然因此获得了他人生中的第一桶金。他挣钱之后继续发挥创新思维，在长安城金光门外购置了一块全是瓦砾无人问津的土地。这块地里瓦砾众多，很难清理，他摆了个摊儿，在一根木头杆子上绑了个箩筐，宣称只要有人能把瓦砾扔进箩筐，就能获得礼物。人们觉得新奇，纷纷来玩这个有奖游戏，居

宋 佚名《初平牧羊图》

然很快就把地里的瓦砾都扔没了。后来这块地里开始野草丛生，裴明礼又宣布这块草地免费开放给大家放羊，很快很多牧羊者来这里放羊，羊粪又给土地带来了肥力。他便在地里种果树、蔬菜和花卉，竟成了一个小小的富豪。

·粪人，古代独特的垃圾分类职业人员

大概公元前5世纪，雅典人因为遭遇垃圾危机，开始建设城市垃圾场。他们出台了西方最早的垃圾处理法案，创建了西方第一个市政垃圾场所，要求公民将垃圾倾倒到距离市区较远的垃圾场内，不得随意乱丢。中国很早也有禁止随意丢弃垃圾的规定，《韩非子》说："殷之法，弃灰于道者断其手。"这里的"灰"，就是指垃圾，说的是如果百姓随手把垃圾扔在官道上，就会受到斩手的刑罚。唐代的法律有更清晰的规范，据《唐律疏议》记载，在街道上乱扔垃圾者，会被处以六十大板。纵容市民乱扔垃圾的官吏，也会被一起处罚。

最早职业的环卫工作者，很多人认为出自古罗马，大概200年（中国汉代末年）古罗马建立了第一个有记录在案的环卫部门，并聘请专门人员在街道上清理垃圾，把垃圾收集到马车上带走处理。但实际上专业的环卫工作者可能在古

印度就已经有了。佛教有一个很有名的“佛度除粪人”的故事。《经律异相》上说，舍卫城中有一旃陀罗人，专门替人家做除粪的活儿。有一天，佛陀看见了，就呼唤这位除粪人过来。除粪人说：“我一身臭秽不净，不敢亲近世尊。”佛说：“如果你愿意做我的弟子，你就来吧。”除粪人见佛这么慈悲，对他毫无歧视，便满心欢喜，放下粪担，来到佛前。佛牵着他的手，来到恒河水边让他沐浴换衣，并亲自为他剃度，度他出家。这位新学比丘感佛深恩，勤苦精进，努力办道，未经旬日，便证得阿罗汉果。从这个故事来看，佛陀时代就有这种以清理粪便为职业的人了。

我国至少在南宋便有了“粪人”这个职业，据南宋《梦粱录》记载，当时的首都临安（今浙江杭州）街巷小户人家，多半没有坑厕，只用马桶，每天自有除粪人来收去，这行人一般叫作“倾脚头”，各有主顾，不能争夺。明代这种制度更加成熟，据明朝末年曾经来南京的葡萄牙天主教传教士曾德昭（P.Alvaro de Semedo）在他的《大中国志》一书中记载，当时的城乡已经形成了完备的垃圾回收产业链，可以作为田肥的粪便有专门从城市回收后再到乡村出售，各种城市垃圾也都有专人回收，甚至路上有人扔块破布，转眼间也会被环卫人员回收。

《释氏源流应化事迹》度除粪人

度除糞人

經律異相云。舍衛城中。有一旃陀羅見。除糞自活。世尊遥見。即呼喚之。其人報曰。吾擔糞不淨。不敢親近。佛言欲度汝。手執其人。至恒水側。沐浴身體。復至祇洹。勅諸比丘。度為沙門。其人勸勵精進。勤苦日新。未經旬日。便得阿羅漢果。六通清徹。涌沒自在。諸大方石。當中央坐。補納故衣。王聞佛度旃陀羅兒。念佛釋種。豪族姓家。左右弟子。皆出四姓。來入宫室。受供信施。云何禮敬。吾今當往。責數如來。見前比丘。諸天禮覲。比丘見王。即沒石中。還從石出。王詣佛所。問言。向者比丘名字何等。有此神力。佛言。此是除糞人。爾時世尊。以此因緣。便說譬喻。猶如污泥中。生香潔蓮花。云何大王。有目之士。取此花否。王言世尊。花極香潔。當取莊飾。穢污當觀母胎。胎中産生功德之花。時王白佛。彼人快得善利。不可思議。自今已後。請此比丘。供養四事。無所乏少。

古代身材审美简史

中国的汉字有很多是女字旁，这些字里不少是用来细致地形容女性美，比如“媥”这个字，形容女性的轻盈之美；“婕”这个字，形容女性绰约之美；“娴”字用来形容女性的雅静之美；“妍”字形容女子聪慧之美；“媚”字形容娇艳之美；“姹”字形容艳丽之美，等等。除了这些关乎情态的字，还有不少字是直接形容女性身体部位的美感，比如“婀”字形容脖子长而直；“媌”形容眉毛好看；“嬺”形容皮肤白皙；“嫣”形容身材高大美丽，也形容笑容美好……“窈窕淑女，君子好逑”，自古以来，中国文化从不吝惜对女性美的赞誉。在不同的历史时期，人们对女性美的认知，却有着各不相同的态度。

·《诗经》里的女子，美的自然而然

远古神话中的女性，长相往往千奇百怪。这些真正的女神们，身上总是带有一些动物的特征。比如女娲，东汉王逸注《楚辞·天问》，就说她“人头蛇身”。

东晋郭璞注《山海经》的时候也说她“古神女而帝者，人面蛇身，一日中七十变”。而西王母的形象更加惊人，《山海经》里记载她是“其状如人，豹尾虎齿，善啸，蓬发戴胜”。到了《诗经》的年代，女性的美从神话走向人间，充满着勃勃生机。

《卫风·硕人》中对女性的身体美做了极为细致的描述，是中国古代文学中最早刻画女性容貌美、情态美的文学作品。“手如柔荑，肤如凝脂，领如蝤蛴，齿如瓠犀，螓首蛾眉，巧笑倩兮，美目妙兮。”用现代的文字来表达，就是“手

西王母图

像春荑好柔嫩，肤如凝脂多白润，颈似蝤蛴真优美，齿若瓠子最齐整。额角丰满眉细长，嫣然一笑动人心，秋波一转摄人魂”。尤其是其中“巧笑倩兮，美目盼兮”二句，对女性之美的精彩刻画，永恒地定格了古典美人的曼妙姿容，不仅写出了美人之形，更写活了美人之魂，因此清代学者姚际恒说：“千古颂美人者，无出其右，是为绝唱。”

《诗经》中还有形形色色的女子形象，但捧读这些诗歌，这些敢爱敢恨的女性们，都美得健康朴素，丝毫没有后代渐渐兴起的病态审美。

· 秦汉，品德逐渐成为审美标准

经常有人使用先秦时期“楚王好细腰”的典故，来证明对于女性“骨感身材”的追捧古已有之，但事实上这是对典故的误读。这则记录在《墨子》中的故事，分明是说：“昔者楚灵王好士细腰，故灵王之臣皆以一饭为节，胁息然后带，扶墙然后起。比期年，朝有黧黑之色。”楚灵王希望他的大臣们腰越细越好，所以这些男人们每天都只吃一顿饭，每天穿衣服的时候，需要先屏住呼吸，拿腰带把自己扎得紧紧的，再扶着墙站起来。到了第二年，满朝文武都是脸色黑黄，惨不忍睹。楚王是希望男人们细腰，和女性审美其实没有什么关系。至于他有没有在后宫也推行细腰运动，史无明文，实在不好胡乱揣测。

对女性审美的一次真正变革来自秦汉时期，尤其是在汉代中后期，大概是随着儒家思想逐渐占据上风，成了统治思想，对于女性审美的取向，往往加以道德化的标准。西汉刘向的《列女传》堪称中国第一部妇女史，这部七卷的作品，母仪、贤明、仁智、贞顺、节义、辩通[①]和孽嬖[②]各自占据一卷，从这部作品后，古人开始越来越重视从这几个方面来要求和评价女性，强调女性的内在美。东汉著名的女学者、历史学家班昭，专门写了一篇教导自家女儿们做人道理的家书《女诫》，共七章，也强调女性的种种德行。在其中《妇行》一章中，她提出“女有四行：一曰妇德，二曰妇言，三曰妇容，四曰妇功”，从这个排序就能看出，德和言明显被认为是比容颜更重要的评价指标。

① 辩通，指富于辩才而又学问深广。

② 孽嬖（niè bì），指宠妾。

清 班昭像

·唐代真的“以胖为美”吗？

唐代女性“以胖为美”似乎已经是众所周知的事实，唐代周昉的《簪花仕女图》中体态丰满的贵妇人图像，也印证了当时对“丰腴”的审美认同。打开报纸杂志，不少介绍唐代“以胖为美”的文章，从各个角度对唐代喜胖的审美进行分析，认为这正是盛唐气象的体现。

我们追溯唐宋文献，就会发现一个奇怪的情况，在所有的文献中，看不到类似“以胖为美”的记载。宋代董逌《广川画跋》中论及周昉的画，说画里人物“肥胜于骨”“便知唐人所尚以丰肥为美”，这句话往往被认为是唐人以胖为美最直接的证据，但文献学家在校注此书时，已经发现“肥”字其实是“肌”字之误，其实不能作为十足的证据。“环肥燕瘦”是众所周知的典故，再说被视为“胖美人”代表的杨贵妃，《旧唐书》说“资质丰艳”，《新唐书》则说“资质天挺”，《通鉴纪事本末》说“肌态丰艳”，都远远不能说是胖。“丰”字在古汉语里是“容貌姿态美好”的意思，并不能望文生义理解为“丰满”。汉代司马相如的《美人赋》，说美人是“皓体呈露，弱骨丰肌”，显然不是丰满肥美之意。倒是在唐人的诗歌里，杜甫《丽人行》说贵妃姐妹们“态浓意远淑且真，肌理细腻骨肉匀。”白居易的《长恨歌》里说：“回眸一笑百

唐 张萱《捣练图》

媚生，六宫粉黛无颜色。春寒赐浴华清池，温泉水滑洗凝脂。”也看不出多胖的痕迹。

关于唐人喜欢胖的文献不多见，但关于他们喜欢苗条女性的诗歌倒是比比皆是，白居易的名句“樱桃樊素口，杨柳小蛮腰”，小蛮腰已经成为年轻女子纤细灵活的腰肢的代名词。杜牧的名句“落魄江湖载酒行，楚腰纤细掌中轻”中，代表大众审美的青楼女子，都是楚腰纤细的。类似的诗歌数以百计，这里就不一一罗列了。近年来学者从考古角度，对具有代表性的唐代纪年墓出土的女俑及壁画中的女性形象体态特征进行分析，也发现“以胖为美”是片面误会。应该说，即使在唐代，“以胖为美”也绝不是审美的主流标准。

· 三寸金莲，病态的女性身体审美

五代北宋时期，中国逐渐出现缠足之风，使女子走路扭扭摆摆，显得弱不禁风，楚楚可怜，让男性膨胀出诡异的自信，这实际上当然是一种病态美。

缠足的风气很可能起源于宫廷，元代陶宗仪的《南村辍耕录》里记载南唐后主李煜有位妃嫔窅娘，用帛绕脚，呈现新月状，能够在金色莲台中翩翩起舞。这个故事的真实性还值得探究，但毫无疑问，北宋神宗以后的皇宫里，缠足的情况已经出现，并很快风靡在士大夫中。苏东坡的《菩萨蛮》云："涂香莫惜莲承步。长愁罗袜凌波去。只见舞回风。都无行处踪。偷穿宫样稳。并立双趺困。纤妙说

古代女子缠足后穿的小鞋

应难，须从掌上看。”被认为是最早关于缠足的词作。宋代罗大经的《鹤林玉露》中曾记载了一个令人啼笑皆非的故事。靖康之变后，金人南侵，宋高宗在南逃的路上，有一位公主来投奔，大家一见就怀疑是假的，因为这位公主居然是大脚。后来她解释说是在逃难路上，步行万里，才使得脚恢复故态。宋高宗听了这个解释，为之恻然许久。

学者们一般认为，缠足这一恶习真正盛行，是在元代之后，尤其是明清时期。缠足和对女性的禁锢被联系在一起，成为病态男权的一部分。元代伊世珍的《琅嬛记》说：“吾闻圣人立女而使之不轻举也，是以裹其足，故所居不过闺阁之内，欲出则有帏车之载，是以无事于足也。”明代出现一部教育女性的教材《女儿经》，清代哲学家贺瑞麟在《改良女儿经》中说：“为甚事，裹了足？不因好看如弓曲；恐她轻走出房门，千缠万裹来拘束。”这种病态审美还伴随着病态的性癖好，自宋代开始，在许多妓院的欢宴中流行起一种游戏，狎妓的嫖客把酒杯放入妓女的小鞋里来传递、斟酒、饮酒。这种游戏一直延续到民国时期，仍然爱好者众多，其中不乏青史留名的一些大人物。

不同的历史时期，对于女性身体审美往往有着不同的标准。民国时期兴起的旗袍，强调女性身形的曲线美。中华人民共和国成立后，不同时期对于女性美也有过截然不同的态度。在今天，我们更愿意尊重女性的身材自由。

古代“秋裤”保暖简史

“问君能有几多愁，恰似没穿秋裤遇寒流”，每到秋深冬近，人们就会忽然记起衣服的原始功能——保暖。一句“你穿秋裤了没？”开始成为朋友们对你身体的最大关怀。正所谓，有种冷，叫作“忘穿秋裤”！实际上，我们又爱又恨的“秋裤”其实是个舶来品，出现在国人的生活中不过是近几十年的事情。那么，没有空调没有秋裤的古人，靠什么样富有创意的保暖方式，穿着什么样的保暖衣物，挨过一个个寒冬呢？

· 衣服本来就是为了“避寒暑”

在中国，衣服随着文明演进有着漫长的发展史。最早的时候人们在身体上涂抹图画，用动物皮毛覆盖身体，后来学会了缝制毛皮，更能保暖，这是大概一万八千年前的事。再

北宋 王居正《纺车图》

后来，人们发明了纺织物，学会了缝制丝布衣服，这大概是六千年前的事。在古老的记载和传说中，一般认为先民是在黄帝时代发明了“衣裳”，上半身穿的叫“衣”，下半身穿的叫“裳”。《释名·释衣服》记载：“凡服上曰衣。衣，依也，人所依以避寒暑也。下曰裳。裳，障也，所以自障蔽也。”也就是认为“衣”字就是“依靠”的“依”，人们靠它来“避寒暑”，因而才有“衣”这个名字。从出土的彩陶图案来看，当时的上衣大都是交领右衽，下裳则类似围裙。一直到西周的时候，才出现衣裳连属的“深衣”。

在中国，衣服很早就有了“避寒”和“遮蔽”之外的功能。早在夏商时期，它就已经是“昭名分、辨等威”的重要工具。在不同的场合，不同等级的人要穿不同的衣服，衣服就承担起管理和政治职能了。

·中国最早的“秋裤”是“开裆”的

上面提到，最早中原地区的古人无论男女，下半身都穿类似裙子的“裳”，所以并不穿裤子。但裳显然并非保暖的最佳选择，所以先秦时期，中国人会在裳的下面再穿一种叫“胫衣”的衣服。胫就是小腿，所以这种“胫衣”只负责小腿，大腿以上就没有了，可以理解成这是两条从脚背到膝盖的“长筒袜”，但有系带可以系到腰上。事实上，这种“胫衣”最早确实是跟袜子一样，两条腿各穿各的，不像后来的裤子

南宋黄昇墓出土的胫衣

两个裤腿是连在一起的。“胫衣”主要是为了保暖，还有棉制的，所以我们可以理解它是历史上最早的“秋裤”或者“棉毛裤”。胫衣的“遮羞”功能有欠缺，所以一般要和裙子一样的“裳”配合起来套穿。也就是说，在先秦时期，大部分中国人都是衣、胫衣、裳三者同穿，这样才能把整个身子遮起来。

“胫衣”本来是两条腿上各穿一条，但后来就演变成了联腰、上面开裆、下面有裤腿的开裆裤了，这种裤子也叫“袴”或者“绔”。《说文》云：“绔，胫衣也。”为了保暖，有些袴非常厚实。这种“开裆袴”现在还能看到一些原物，在湖北江陵出土过战国时期的凤舞花簇绣锦袴，就是制作工艺非常精良的“开裆保暖秋裤”。开裆裤在中国有着极为悠久的历史，在福州的南宋墓中曾经出土过二十三件裤子，其中有不少开裆单、夹裤和开裆丝棉裤，不过这时候的开裆裤已经充分具备遮羞功能了，不用再外罩裙裳了。清代后宫中流行的套裤，也可以看作是早期“胫衣”的流风余韵。

·改良开裆裤是为了让汉昭帝独宠皇后?

将中原传统的开裆裤“胫衣”改造成合裆裤的，据说是汉昭帝时的大将军霍光，这背后还有一段神奇的“宫斗”故事。

霍光是大司马霍去病的异母弟，汉武帝临终时，拜他为大将军、大司马，受命托孤，辅佐时年八岁的汉昭帝刘弗陵。当时另一位辅政大臣上官桀和霍光是儿女亲家，上官桀的儿子上官安娶了霍光的大女儿，生了一个女儿，也就是上官桀的孙女和霍光的外孙女。这个小女孩没有留下名字，史书称之为上官氏，她六岁就嫁给了时年十二岁的汉昭帝，初封婕妤，一个多月就被立为皇后。上官皇后的祖父上官桀后来密谋造反，被霍光诛杀，宗族都被夷灭，但上官皇后因为年幼没有参与叛乱，又是霍光喜爱的外孙女，因而躲过一劫，没有被废。

霍光为了保证汉昭帝专宠上官皇后，竟然在服装上大费苦心。《汉书·孝昭上官皇后传》载，霍光“欲皇后擅宠有子，帝时体不安，左右及医皆阿意，言宜禁内。虽宫人使令皆为穷绔，多其带，后宫莫有进者。”这就是说，霍光希望上官皇后能得专宠而生子，正好当时有阵子昭帝身体欠佳，身边仆从与医者都迎合霍光之意，劝昭帝应当注意身体，禁止与其他宫嫔有云雨之欢。为了确保昭帝不临幸其他宫嫔，宫嫔都得穿上有裆的“穷绔”，所以没有哪个宫女能得到昭帝临幸。

这匪夷所思的举措并没有让上官皇后诞下龙子，事实上汉昭帝刘弗陵二十一岁就因病驾崩，这时候上官皇后才十五岁。不少人觉得这个“穷绔”乃是中原地区改变开裆裤为“合裆裤”的开端。这个说法流传虽然广，但从中国服饰历史的发展来说，其实并不准确。合裆裤的来源，应该从西北少数民族的“胡服”说起。

· 其实“裤子”本是“胡服”

秦汉代以前，中原地区大都穿裳和开裆裤“胫衣”，但西部地区的少数民族生活在马背上，这种衣服显然不适合他们，所以生活在这里的人们在三千多年前就发明了裤子，这

宋 陈居中（传）《胡骑春猎图》

唐 张暄《虢国夫人游春图》

也是中国裤子的起源。考古曾发现西周时期新疆地区的“皮裤”，这种裤子是合裆裤，用动物皮毛制成，皮在外，毛朝内，很能起到保暖的作用。这种起源于西北的衣服，在先秦被叫作“胡服”。战国时赵国的赵武灵王（前325—前299年在位）为了国家的强大，推行“胡服”，教练“骑射”，使得“胡服”开始进入中原。秦国本来就位于西北，也采纳了胡服，这也为后来中原人穿裤打下了基础。我们现在看到的秦始皇兵马俑，大部分都是穿裤子的。

这种合裆裤在中原非常兴盛，魏晋南北朝时期尤其盛行，一直到唐朝时，彻底改变了周代以来上衣下裳的主流服饰传统，形成了上衣下裤的形制。

· 古人保暖妙招多，有暖炉还有地暖

无论是类似今天秋裤的“胫衣”，还是类似皮裤的皮毛胡裤，都是古人用以保暖的重要方式。更保暖的衣服当然是

貂裘之类，但在没有空调和暖气的年代里，保暖仅靠衣服还不够，需要很多其他保暖工具。

燎炉是供烘烤或取暖用的炉子，早在春秋时期就已经较为常见了。目前出土的春秋战国时期燎炉中最有名的一件就是现藏于国家博物馆的春秋王子婴次炉，这件青铜器形状似长方盘，圆角平底，器壁两侧有环钮，内壁有铭文七字“王子婴次之燎炉”。王子婴次是哪国王子目前还有争议，一般认为是楚令尹子重。

汉代以后暖炉样式就更加多元了，还出现了可以拿在手里取暖的小巧温手暖炉。唐宋以后，还发明了内置热水的暖水瓶，其中有种专门用来暖脚的，叫作“脚婆”，宋代著名的文学家黄庭坚就很喜欢这种暖具，还专门留下诗句“千钱买脚婆，夜夜睡天明”。故宫中的炭火盆，则大都是景泰蓝，外加金属罩，又美观又安全。

秦汉时候，皇宫中设有专门的“温室”或“暖殿”供皇帝冬天居住和使用。《汉书·京房传》中说：“房奏考功课吏法，上令公卿朝臣与房会议温室。”这里的温室是殿名，为什么要叫温室殿呢？成书于东汉末、经过唐人扩写的《三辅黄图》记载：“温室殿，武帝建，冬處之温暖也。”说明它的得名，确实来自其保暖的功用。据《西京杂记》记载，汉朝的温室内设有各种防寒保暖的设备，如用花椒和泥涂壁，壁面挂有锦绣，另设屏风和鸿羽帐，地面铺着西域进贡的毛毯。后代皇宫中冬天主要是靠燃炭取暖，明清的故宫中除了炭炉，更有“地暖”设备，宫殿设有空心“火墙”，都建有地道联通烧炭的炭口。冬天炭口里燃起木炭，热气均匀输送到房间的各个角落，整个屋宇都是非常温暖的。

北方民间常见的火炕则是宋代以后慢慢出现的，南宋朱弁出使北方后写的《炕寝》一诗，详细记载了当时烧炭的火炕："御冬貂裘弊，一炕且踪伏。西山石为薪，黝色惊射目。方炽绝可迩，将尽还自续。飞飞涌玄云，焰焰积红玉。"

· 真正的秋裤是舶来品

虽然秋裤的源头可谓悠久，最早可以追溯到先秦的胫衣，在西方可以追溯到15世纪的欧洲宫廷，但我们今天穿着的这种秋裤，实际上历史并不悠久，一般认为加拿大的弗兰克·斯坦菲尔德（Frank Stanfield）在1915年12月正式申请了秋裤的专利，成为现代商业秋裤之父。

古代女装大佬简史

二次元网络热词“女装大佬”是指扮女装技术很高的男人，在 Cosplay 文化中尤其常见，由男生反串女性动漫人物。我们都知道中国古代有很多女扮男装的著名故事，早在夏朝，就有女扮男装的夏桀宠妃妹喜，而像《花木兰》《女状元》之类的故事，更是脍炙人口，但很多人可能不了解，中国喜欢穿女装的男性大佬也是自古有之，其中不乏很多有趣的典故。

中国最早穿女装的男性群体，出现在春秋战国时期，《荀子》中曾记载：“今世俗之乱民，乡曲之儇子[1]（聪明而轻薄的人），莫不美丽姚冶，奇衣妇饰，血气态度拟于女子。妇人莫不愿得以为夫，处女莫不愿得以为士（未婚夫），弃其亲家而

① 儇子（xuān zǐ），指轻薄刁巧的男子。

欲奔之者，比肩并起。”这些男性衣着打扮都类似女性，很受欢迎，当时的女性为之疯狂，纷纷想要嫁给他们，经常有跟着私奔的。不过这些人没有留下大名，堪称中国女装大佬第一人的，是著名哲学家、文学家，三国时期曹魏的何晏。

·魏晋风流，一千八百年前的女装大佬何晏

何晏，字平叔，小时候父亲早逝，母亲改嫁曹操，所以在曹操家长大。曹操对他非常宠爱，把自己的女儿金乡公主嫁给他。他是魏晋玄学的创始人之一，其《论语集解》是一代名著，他的诗歌在文学史上也很有影响。

何晏更出名的是他的美貌。要论中国古代的美男子，何晏必定榜上有名。有个著名的“傅粉何郎”的典故，出自《世说新语》，“何平叔美姿仪，面至白，魏明帝疑其傅粉。正夏月，与热汤饼。既噉，大汗出，以朱衣自拭，色转皎然。”这是说何晏相貌俊美，又喜欢修饰，面容细腻洁白。魏明帝疑心他脸上搽了白粉，就挑夏天最热的时候，赏赐他热汤面吃。果然何晏大汗淋漓，只好用自己穿的衣服擦汗。结果擦完汗后，脸色显得更白了，明帝这才相信他没有搽粉。原来人家素颜就是这么美！后来“傅粉何郎”这个成语，不仅用来形容人长得白，也经常用来代指人长得帅。何晏的貌美即

来自其天生的底子，也离不开他时时刻刻用心打扮，后世记载："何晏性自喜，粉白不去手，行步顾影。"可见他对自己美貌的追求。

何晏不仅善于化妆打扮，《宋书·五行志》中还记载，他"好服妇人之服"，这是中国历史上第一个真正的"女装大佬"，在他之前也有男性穿女装的记载，比如王嘉《拾遗记》里说西汉哀帝的同性恋人董贤在宫里就经常穿女装，但《拾遗记》本身就是个神异小说，真实性没有保证。何晏的女装爱好，当时招致不少保守大臣的批评，甚至有人认为这是"服妖"，并说"何晏服妇人之服，亦亡其家"，把他后来被杀，归因为喜欢女装。但也有不少年轻人继承了他的风流余韵。在之后的南朝，还有不少男性年轻人"熏衣剃面，傅粉施朱"，虽然不敢都穿女装，但也算是继承了他对美貌的追求。

·魏明帝爱女饰，以至于改了"天子之冕"

刚才提到"傅粉何郎"的故事，那个怀疑何晏美貌的皇帝魏明帝，本人也是一个酷爱女装的大帅哥。魏明帝叫曹叡，父亲是曹操的儿子曹丕，算起来何晏是他亲姑父。虽然他本人很是不喜欢他这个姑父，但却忍不住内心对女装的酷爱。

《晋书·舆服志》记载："后汉以来，天子之冕，前后旒用真白玉珠。魏明帝好妇人之饰，改以珊瑚珠。晋初仍旧不改。”此前，天子的冕冠，前后的玉串，都是用真白玉珠，但魏明帝平日里就喜欢女性的装饰品，非要把这个改成女性佩戴的珊瑚珠。从此之后，天子之冕前后都装饰珊瑚珠了。

魏明帝本人喜欢穿的衣服也很有个性，《三国志》里记载，当时的大臣杨阜刚正不阿，“阜常见明帝著绣帽、被缥绫半褏[1]。阜问帝曰：‘此于礼何法服也？’帝默然不答，自是不法服不以见阜。”杨阜经常看见魏明帝戴着绣帽，穿着半袖的缥绫衣服。他就质问明帝：“这是行的什么礼仪呢？”明帝自知理亏，默不作答，但是后来不按礼法穿朝服就不敢再见杨阜。绣帽和缥绫半袖虽然不是女装，但也能看出“好妇人之饰”的魏明帝对服装的独特审美。

· 他是佛教僧人，是唐代琵琶第一人，也是女装大佬

唐代诗人元稹有首长诗叫作《琵琶歌》，小序说这首诗“寄管儿”，就是赠给琵琶名家李管儿。这首诗里描述了盛唐百年间的琵琶发展史，说“段师弟子数十人，李家管儿称上

① 褏，同“袖”。

南宋 佚名《歌乐图》

足”，当时最伟大的琵琶演奏家是段师，而李管儿则是段师的得意高足。这位堪称“唐代琵琶第一手”的段师，有一段传奇故事。

据唐朝段安节的《乐府录》记载，唐贞元中，“长安大旱，诏移两地祈雨。街东有康昆仑，琵琶号为第一手，自谓街西无已敌也。登楼弹新翻调《绿腰》。及度曲，街西亦出一女郎，抱乐器登楼弹之，移在枫香调中，妙技入神。昆仑大惊，请与相见，欲拜之为师。女郎更衣出，乃庄严寺段师善本也”。当时最有名的琵琶高手康昆仑，在街东演奏，认为无人能敌，结果街西有位美少女，抱着琵琶登楼弹奏，音乐精美无与伦比，康昆仑大为吃惊，当场就要拜师。结果这个时候，这位美少女换了身衣服出来，原来竟然是庄严寺里的善本法师。

善本法师俗家姓段，所以大家也叫他段善本或段法师。

段善本穿女装登楼表演，竟然无人看出，可见其女装水平之高。善本弟子众多，唐德宗亲自主持，让康昆仑拜他为师。宋郭茂倩《乐府诗集》卷七十九《凉州歌》引《幽闲鼓吹》："段和尚善琵琶，自制《西凉州》，后传康昆仑，即《道调凉州》也，亦谓之《新凉州》云。"可见在作曲方面，段善本也有经典作品传世。

· 男娼：宋代的女装大佬群体

宋代有一种独特的职业叫"男娼"，他们是一群职业化的男扮女装者。周密《癸辛杂识》中记载："闻东都盛时，无赖男子亦用此以图衣食。政和中，始立法告捕，男子为娼者杖一百，赏钱五十贯。吴俗此风尤盛，新门外乃其巢穴。皆傅脂粉，盛装饰，善针指，呼谓亦如妇人，以之求食。其为首者，号师巫行头。凡官府有不男之讼，则呼使验之。败坏风俗，莫甚于此！然未见有举旧条以禁止之者，岂以其言之丑故耶？”这是说早在北宋时期，就有不少男性从事这个行当，当时要是举报，政府会给举报人赏钱五十贯，而这个失足男子，则会被“杖一百”。等到了南宋，周密自己在江南一带更是亲眼见到了不少，这些男性都善于化妆和打扮，衣着打扮乃至于艺名，都非常女性化。他们的首领，叫作“师巫行头”，但这个时候跟北宋已经不同，男娼风气已经形成，都已经没有什么人肯去举报了。

·明代第一才子杨慎，涂粉插花大游行

“滚滚长江东逝水，浪花淘尽英雄。是非成败转头空。青山依旧在，几度夕阳红。”这是《临江仙》这首词里的句子，因为《三国演义》的引用而成为家喻户晓的名篇。它的作者杨慎是一位开挂了的奇才，当之无愧的明代第一才子。他的父亲是东阁大学士杨廷和，老师是内阁首辅李东阳，本人状元及第。整个明朝，记诵之博、著述之富，推杨慎为第一。

明 陈洪绶《杨慎簪花图》（局部）

他一生有四百多部著作，对经、史、诗、文、词曲、音韵、金石、书画无所不通，而且对天文、地理、生物、医学等也有很深的造诣。

就是这样一位文坛大佬，穿起女装来也毫不犹豫。明朝李绍文《皇明世说新语》卷六记载："胡粉傅面，作双丫髻，插花。门生舁之，诸妓捧觞。游行城市，了不为怍。"涂粉插花，把头发都梳成女性样式，在泸州城游行，何等特立独行，肆意潇洒。

·脑洞大开的女装采花大盗群体

明代成化年间出了一个前无古人的采花大盗群体，他们从小男扮女装，上门去做少女们的"闺蜜"，专门诱奸良家妇女。这个群体中最有代表的一个，名叫桑冲。据清褚人获《坚瓠集》中记载："成化丁酉，真定府晋州奏：犯人桑冲，供系山西太原府人，石州军籍李大刚侄。幼卖与榆次县桑茂为义男。成化元年，闻大同府山阴县民谷才以男装女，随处教妇女生活，暗行奸宿，一十八年未曾事发。冲投拜为师，将眉脸绞刺，分作三绺，戴上鬏髻，妆作妇人。就彼学女工描剪花样、刺绣等项。尽得其术。随有任茂、张端、杨大、王喜、任昉、孙成、孙原七人，复投冲学，各散去讫。三年三月，冲历大同平阳等四十五府州县，探听人家出色女子，即投中人引进，教作女工，默与奸宿。若有秉正不从者，随将迷药喷于女子身上，默念昏迷咒。使之不能言动。即行奸宿。复念醒昏咒，女子方醒，冲再三陪情，女子隐忍不言。住两三日。又复他之。丁酉七月十三日，至晋州聂村生员高宣家，宣留在南房宿，宣婿赵文举强淫之，冲不从，文举捽冲倒。揣胸无乳，摸有肾囊，告官，械至京都察院，具狱以闻。上以情犯丑恶。命磔于市。并命搜捕任茂等诛之。”

桑冲的东窗事发很有戏剧性。他最早是在成化元年（1465年），跟着谷才学习男扮女装技术，具体内容包括化妆打扮、女工刺绣等等。学成之后他还收了七个学生，大家都干一样的营生。学习过程历经三年，之后桑冲在山西一带，打听到哪家有美貌女子，就托中介把自己介绍去这家做女工，晚上就去奸宿。有女子不从，他就用迷药强奸，早上醒来则再三赔礼，女方只好隐忍。一直到成化十三年（1477年），他投宿到了一个叫高宣的人家里，结果因为美貌，被高的女婿赵文举强奸，在抗拒的过程中，赵文举摸到他没有胸部，下体有睾丸，这才彻底暴露，一直被解送到京城，最后受了凌迟。据他自己招供，在他十年生涯中，总共奸污了一百八十二名良家妇女。他的七个学生，也纷纷被逮捕，都判了死刑。

这件事在当时是爆炸性的大新闻，后来冯梦龙还把桑冲的真实事件，改编成了《刘小官雌雄兄弟》，收在“三言二拍”中的《醒世恒言》里。

· 戏曲艺人：最常见到的女装大佬群体

在二次元 Cosplay 兴起之前，我们最常见到穿女装的男性，其实是在戏曲表演的舞台上。中国曲艺历史悠久，早在先秦时期就有不少男性艺人。汉初叔孙通定郊祀，制伪女伎，算是男旦的起源。

在唐代的时候，有不少男性艺人装扮成女性表演，唱腔也是模仿女声，就像今天的“反串”。著名的文学家韩愈就曾欣赏过这样的表演，不过他对此显然并不欣赏，他的《辞唱歌》一诗里就批评这些男艺人：“岂有长直夫，喉中声雌雌。君心岂无耻，君岂是女儿。”

宋代以后，不论是元曲还是明代杂剧、传奇剧，粉墨登场的大都是男性。明清时期，男扮女装的艺人群体更加兴盛。清人李斗在《扬州画舫录》中记载：“扬州花鼓，扮昭君、渔婆之类，皆男子为之。”在昆曲和后来兴起的京剧等戏剧形式中，男旦艺术登峰造极，民国时期，梅兰芳、程砚秋、尚小云、荀慧生被誉为京剧“四大名旦”，这就是大家都知道的事情了。

南宋 杂剧《打花鼓》图页

古代反家暴简史

《反家庭暴力法》第二条规定，家庭暴力是指家庭成员之间以殴打、捆绑、残害、限制人身自由以及经常性谩骂、恐吓等方式实施的身体、精神等侵害行为。当今，已经有不少女性可以勇敢站出来，讲述自己被家暴的细节，也有一些演艺明星的家暴事件登上热搜，家庭暴力又成为大家热议的话题。这是一个缺乏彻底解决方案的难题，也是一个古老的话题。在中国古代漫长的历史中，记录在史料中的家暴案例不胜枚举，其中也不乏有一些反家暴的经典故事。

·《踏谣娘》：一千五百年前反家暴的流行艺术

《踏谣娘》是唐代盛行的民间歌舞戏，它的起源就是一场反家暴的“快闪”加“RAP”。崔令钦《教坊记》里记载，“北齐有人姓苏，实不仕，而自号为郎中；嗜饮酗酒，每醉殴其妻。妻衔悲，诉于邻里。时人弄之。丈夫着妇人衣，徐步入场行歌；每一叠，旁人齐声和之云，‘踏谣和来！踏谣娘苦和来！’以其且步且歌，故谓之‘踏谣’；以其称冤，故言苦。及至夫至，则作殴斗之状，以为笑乐。”

就是说北齐时期有个姓苏的男人，没有本事不能做官，但自号“郎中”，自欺欺人。同时又酗酒，一喝醉了就打自己老婆，这就是正宗的家暴了。家暴的次数太多，妻子无法忍受，只能向邻居们诉苦。有人就根据这个家暴事件，改编了一个艺术形式。一个男演员穿着女人的衣服，扮演被家暴的女性，摇摇摆摆地慢慢走进场地，一边走一边唱，诉说着自己的不幸遭遇。因为是一边摇摆着一边唱歌，所以大家就把那演员的身段称之为“踏摇”[1]，每唱完一小段，观众们就齐声呼应道：“踏摇，和来，踏摇娘苦，和来！”大家用“苦”字与“和”字来表示对她的同情。此时苏姓的家暴男人就该出场了，这一对夫妇之间的打与被打，追与被追还有喊叫哭闹之类，其间观众们的情绪自然被调动起来，有同情的，有义愤的，因为经过戏剧化的处理，更多人会哄堂大笑。这种

① 古代“摇”“谣”混用，也叫“踏谣”。

即兴的表演非常像一场快闪，围观者齐声大喊的内容，又好像是一首 RAP。等这个节目得到认可，被反复表演，又变得像一场小品一样了，最终发展成为歌舞戏。

到了唐朝，这个演绎家暴的故事演变为《谈容娘》，在前面故事的基础上增添了一些细节，演员也由男扮女装变成了真正的女性出演。在《全唐诗》中，就收录有常非月观看完街头《谈容娘》表演之后所写的诗《咏谈容娘》："举手整花钿，翻身舞锦筵。马围行处匝，人压看场圆。歌索齐声和，情教细语传。不知心大小，容得许多怜？"最后一句写出了大家对受到家暴欺凌的女性的深刻同情。

· 李清照，奋起反家暴的杰出女性

中国古代最伟大的女词人李清照也是一位反对家暴的先锋。李清照出生书香门第，从小就以诗词闻名，十八岁嫁给赵明诚后，共同探讨金石诗文，琴瑟和鸣，高雅有趣，充满着幸福与欢乐。靖康之变中，金兵攻破首都东京汴梁，当时赵明诚在现在的南京担任知江宁府，李清照押运十五车书籍器物南下和丈夫团聚。仅仅一年以后，赵明诚在南京去世，李清照孤苦无依，带着文物书籍，追随传闻中皇帝奔走的方向，流徙浙东一带，绍兴二年（1132年），李清照到达杭州。

颠沛流离的逃难生活，书籍文物在路上的流散，让年近五十的李清照悲痛不已。就在这个时候，有一个叫张汝舟的男人乘虚而入，对她嘘寒问暖。李清照以为自己得遇良人，改嫁张汝舟，但万万没有想到，这个张汝舟其实是一个衣冠禽兽，标准的渣男，他接近李清照，就是因为觊觎李清照手里的书籍古玩。婚后张汝舟发现李氏的大部分收藏已经在逃难路上遗失，便马上换了一副嘴脸，对李清照不仅经常呵骂，更是拳脚相加。李清照在给友人的信件中说，“遂肆侵凌，日加

清人绘李清照

殴击，可念刘伶之肋，难胜石勒之拳”。

备受家暴的李清照没有选择懦弱忍受，而是奋起反抗，毅然报官要求离婚，并举报了张汝舟种种营私舞弊的恶行。经查属实，张汝舟受到了应有的处分，李清照也获准离婚。但宋代法律规定，妻告夫要判处三年徒刑，所以李清照自己也身陷囹圄。事实上，在她决定离婚之时，已经明确知道这个后果，但她宁愿身在牢狱，也不愿和家暴的张汝舟共处。幸运的是，经翰林学士綦崇礼等亲友的大力营救，她关押了九天之后便获释。

对于李清照改嫁和遭遇家暴的故事，宋代《云麓漫钞》等史料就有明确记载，但明清人觉得改嫁会影响李清照的形象，所以都认定此事子虚乌有，相关记载一定是别人伪造。但在今天的人们看来，敢爱敢恨的李清照才是真正伟大的。她不仅是千古第一才女，也是中国古代奋起反对家暴的杰出女性。

· 那些被家暴的古代男人们和他们的反家暴努力

我们总会认为家暴的受害者是女性，其实自古以来，也有不少男性成为家暴的对象，但这种家暴往往被视为“惧内”“妇人悍妒”，成为笑谈。我们经常用“河东狮吼”“季常癖”来形容怕老婆的人，这个著名的典故来自苏东坡的一首诗。北宋有位陈慥，字季常。年轻的时候自称豪杰，浪荡不已，后来开始折节读书，参禅礼佛，人称龙丘居士。他的妻子柳氏性格强势，每当他招待客人的时候请歌女陪酒，柳氏就醋意大发，用木棍敲打墙壁，客人尴尬不已，只好散去。没有客人的时候，柳氏自然更加凶悍。他的朋友苏东坡借用狮吼戏喻其悍妻的怒骂声，作了一首题为《寄吴德仁兼简陈季常》的长诗，其中有几句："龙丘居士亦可怜，谈空说有夜不眠。忽闻河东狮子吼，拄杖落手心茫然。"极为生动地记述了柳氏凶悍、季常无奈的景况。后来，这个故事被宋代的洪迈写进《容斋三笔》中，广为流传。

柳氏对陈慥的凶悍算不算得上家暴可能还有争议，但在古代的笔记和笑话集里，确实记录了不少女性家暴男性的段子，比如清代成书的《笑林广记》中记载的"葡萄架倒"的故事：有一吏惧内，一日被妻子家暴，抓破了脸皮。第二天上堂，太守见而问之，吏托词说："晚上乘凉，被葡萄架倒下，故此刮破了。"太守不信，说："这一定是你妻子抓破的，快差皂隶拿来。"不料太守的妻子在后堂潜听，大怒，抢出堂外。太守慌谓吏曰："你且暂退，我内衙葡萄架也要倒了。""葡萄架倒"的故事在宋元时期就已经在民间普遍流传，成为一个典故。元代周德清的《朝天子》里就写道："笑眼偷瞧，

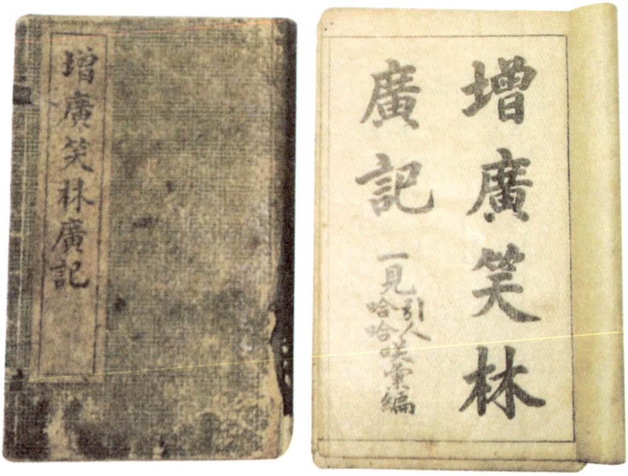

《笑林广记》书影

文谈回话，真如解语花。若咱，得他，倒了葡萄架。”

在《笑林广记》中，这种记叙强势妻子欺压丈夫的段子还有不少。例如“大丈夫”这一则，说一人被其妻殴打，无奈钻在床下，其妻曰：“快出来。”其人曰：“丈夫说不出去，定不出去。”再比如“请下操”这一则，说一军官怯内，屡屡被家暴，经常面带伤痕。同僚谓曰：“以登坛发令之人，受制于一女子，面子往哪里放？”军官解释说：“积弱所致，一时半会整顿不起。”同僚出了主意：“刀剑士卒，皆可以助兄威。等到你家夫人下一次咆哮时，先令军士披挂，枪戟林立，站于两旁，然后你再与她对抗。她慑于军威，岂敢不降服！”军官从之。等到队伍已经站好，兵器已经排列好。他的妻子见之，大喝一声曰：“你装此模样，欲将何为？”军官闻之，不觉胆落。连忙跪下说：“并无他意，请奶奶赴教场指导操练。”在这个故事里，军官的反家暴行动完全落败。

在明代，以河东狮吼为原型，戏曲家汪廷讷创作了家暴主题的传奇《狮吼记》，里面有不少妻子家暴丈夫的段落。其中一节讲到，苏东坡被贬黄州，邀陈季常同去赏花。陈季常的妻子柳氏疑心同行必有妓女，不允。陈季常苦苦哀告，说若有妓女，甘受责罚，柳氏方才放行。柳氏又派苍头[1]去打探，果然有妓女。陈回家被罚跪池边。苏东坡放心不下，前来探望，见状不平，与柳氏评理，反被柳氏推出门去，陈季常更是遭到杖责。柳氏认为陈季常借朋友之力来压服她，心中气愤，拉他去见官。审判官同情陈季常，欲处罚柳氏，却遭到自己老婆的痛打。他们又告到土地祠，土地公公同情陈季常和审判官，又遭到土地娘娘的责打，官司只得作罢。后来的昆曲和京剧中，都有这个故事。昆曲《狮吼记》中，讲述柳氏家暴丈夫的《跪池》，更是经典桥段。在这个故事里，

① 苍头，指奴仆。

陈季常和审判官反家暴的挣扎也都彻底失败。

古代男人被女性家暴，往往都记录在笑话集和喜剧故事中，在这些故事里，男性的反家暴尝试往往以失败告终，最终沦为笑谈。这也说明中国长期以来是男权社会，大家普遍觉得男性被家暴是很可笑的事情，很多男性被家暴者也往往自认为是“丑事”，不愿意开口承认。

在中国古代的夫主妻从的家庭结构中，家暴的例子很多，上到帝王家的“打入冷宫”，下到普通百姓家的辱骂毒打，史书中的记载不胜枚举，女性家暴男性的故事也为数不少。自古以来，我国主流的价值观念都是反对家暴的，家庭暴力从来都受到舆论谴责，但也有人把它当成是不可外扬的“家丑”。《反家庭暴力法》已经在2016年正式施行，反对家庭暴力，需要全社会的参与，家庭暴力不仅仅是家务事，要勇敢站出来。

古人迷惑追星简史

据说中文里“追星”这个词起源于小虎队，1989年小虎队巡回演出，粉丝们骑着自行车成群结队，喊着偶像的名字一路追随，于是媒体用“追星”这个词来形容这种景况。

追星不是年轻人的专利，更不是到了现代才有的现象。他们有的是痴迷于偶像的颜值，更多则是倾慕偶像的才华和人格，有的甚至从未见过偶像的长相，也痴心追星数十年。古人追星也疯狂，我们循着史书的记载，看看千百年前的“迷惑行为”。

·魏晋女粉太豪放，“看死”娇羞男爱豆

古人说一个人长得帅，往往说他“貌比潘安”。潘安本名潘岳，字安仁，是西晋大文学家，在文学上与陆机并称“潘

江陆海”，所以我们熟悉的王勃《滕王阁序》中就有“请洒潘江，各倾陆海云尔”这样一句。潘安长得特别好看，《世说新语》说他“妙有姿容，好神情”，所以吸引了一大批狂热女粉丝，连那些老太太都沉迷不已。“少时挟弹出洛阳道，妇人遇者，莫不连手共萦之。”汉魏晋时候，富家子弟流行挟弹携壶，赏山景，打鸟雀，逍遥自在。年轻时候的潘安也是这种潮流人物，每当他带着弹弓出游，那些疯狂的女粉丝就手拉着手围成一堵人墙，对潘安的车子进行“围追堵截”。为了表达爱意，她们还给潘安的车子投爱心果子，所以潘安每次出门回来，都拉回家一车水果。比他小三岁的著名文学家，因为写《三都赋》而洛阳纸贵的左思，长相奇丑，但却很自信，听说了潘安的粉丝应援故事，自己也赶紧仿效，“亦复效岳游遨，于是群妪齐共乱唾之，委顿而返”，被一群老太太乱唾了回来。

这种围观男神的故事，最厉害的发生在六朝时的南京。当时有一个绝世美男叫作卫玠，他也是魏晋之际继何晏、王弼之后著名的清谈名士和玄学家，他不仅学问非常好，而且颜值极高，就像白玉雕成，自带光芒，《晋书》说他“风神秀异”。他年少时就是有名的小鲜肉，乘坐羊车到街市去，看到他的人都以为是玉人，人们都顾不上逛街，纷纷跟着去观看他。他的舅舅骠骑将军王济，是当时有名的英俊男子，但是他每次和卫玠走到一起，就叹息珠玉在旁，自惭形秽，竟然觉得自己形貌丑陋，《世说新语》的原文叫“珠玉在侧，觉我形秽”。王济还跟别人说，与卫玠一同出游，就像有光亮的珠子在旁边，光彩照人，“与玠同游，冏若明珠之在侧，朗然照人”。永嘉六年（312年），卫玠从南昌到南京，他的粉丝们纷纷出城围观，万人空巷。卫玠本来就有虚弱的病，身体受不了劳累，竟然一病而死，这一年他才二十七岁。当时的人说这是粉丝看死了卫玠，所以有个成语，就叫“看杀卫玠”。卫玠去世后本来葬在南昌，但宰相王导认为他这样的全民男神，应该将墓地移到首都南京来，方便全国人民凭吊，于是又将其陵墓迁到了南京的“新亭”南面，大概位置在现在雨花台区的软件大道一带。

· 唐代诗人粉丝多，迷惑追星行为大赏

唐代，著名的诗人往往粉丝众多，比如大家都知道杜甫狂粉李白，经常写诗问候，但和一个叫魏万的小伙子比起来，杜甫还算保守。魏万把李白当成男神，为了见偶像一面，他从河南王屋山出发，循着偶像的踪迹，锲而不舍大半年，长途跋涉三千里，从河南到江苏，再从江苏到浙江，最后终于在扬州追上了李白，他讲述了自己的追星之路，并捧出自己

辛苦写成的长诗《金陵酬李翰林谪仙子》四十八韵，李白听了也很感动，挥笔就回赠了《送王屋人魏万还王屋并序》一百二十韵，把魏万激动得泪流满面。在这次会面之后，李白就任命魏万担任“太白粉丝后援会会长”一职，把自己的诗稿都交给他，请他编辑成集。

我们熟悉的汪伦也是李白的真爱粉，他在安徽担任泾县令，听说偶像路过安徽，就投其所好，写信骗李白来家里游玩："先生好游乎？此处有十里桃花。先生好饮乎？此处有万家酒店。”李白最爱的就是饮酒赏花，看到信里描述的风景自然怦然心动，等到了一看，信里所说的风景一点都没看到。汪伦脸不变色心不跳，跟他解释说“桃花者，十里外潭水名也，并无十里桃花。万家者，主人姓万，非有万家酒店。”原来所谓“十里桃花”，是有个名叫桃花潭的水潭，离他家有十里远。所谓“万家酒店”，就是一个姓万的人开的一家酒店。李白是个宠粉的偶像，被粉丝骗了非但没有生气，还觉得有点感动，于是在这里流连数日，临别还给粉丝写了首《赠汪伦》，成为千古名篇，不怎么会写诗的汪伦也因此成了名垂千古的人物。

李白的粉丝致力于面见偶像，杜甫和贾岛的粉丝则更加令人“迷惑”。杜甫的这个“迷惑粉丝”就是著名的诗人张籍，我们都读过他的名句“还君明珠双泪垂，恨不相逢未嫁时”。他比杜甫晚生半个世纪，对杜甫痴迷到了超越常人的境界。《云仙散录》记载，有天朋友来看望张籍，只见他拿着个大碗在拌纸灰。朋友大为疑惑，问他在做什么“特色沙拉”，他回答说，我刚把偶像杜甫的诗烧成了灰，再浇上点蜂蜜，拌匀吃掉，估计以后写诗就能和爱豆一样出色了！

贾岛的“迷惑粉丝”则是晚唐的诗人李洞，他可能是第一个制作偶像周边的唐代真爱粉，他铸了一尊小小的贾岛铜像，每天戴在帽子上。这可谓是真“偶像”。他对贾岛的崇拜还上升到了信仰，经常拿着串念珠念诵“贾岛佛”，多的时候一天念诵上千遍。要是遇到其他贾岛的粉丝，他就手抄贾岛诗相赠，万般叮嘱，一定要对方把这些诗供起来，每天点香礼拜，因为他觉得这诗卷和佛经无异。乃至于他在临死前，还要求把自己埋在贾岛曾经工作过的地方，死了也不肯远离偶像。

大诗人白居易非常粉比自己小四十岁的李商隐，粉到什么程度呢？《唐才子传》里记载，他晚年跟李商隐说，下辈子一定投胎做你的儿子，原话是“我死后，得为尔儿足矣”。巧的白居易去世后，李商隐真的生了个儿子，他就觉得这怕是白居易转世，给他取名叫“白老”，但这个孩子丝毫没有表现出文学天赋，甚至有点痴呆，李商隐的好友温庭筠就来嘲讽他，说要是白居易投胎变你这个儿子，那真是辱没死他了。

明 仇英《浔阳送别图》

白居易粉起李商隐来很狂热，他自己却还有更狂热的粉丝。这人叫葛清，湖北荆州人，每天唱诵白居易的诗还不够，时时刻刻难以忘怀。忘不掉怎么办，文到身上！他一狠心，一口气在全身文了三十多首白居易诗，从脖子以下，全身文得满满当当。除了文上文字，他还根据对诗意的理解，配上大图。比如“不是花中偏爱菊”这句，他在旁边还文着一个人手持酒杯，对着一丛菊花的图像。当时人们把他的文身叫作“白舍人行诗图”，这是一个会行走的白居易诗图啊！

我们看到，唐代的追星，更多是倾慕偶像的才华。这些粉丝们有时候也盲目，也疯狂，但选择的偶像往往是这样的人：灵魂有光，能指引别人成长。

· 古代歌星：劝粉丝“珍惜少年时光”

古代歌星的社会地位不像今天这样高，但很多“歌舞明星”的粉丝群体也非常庞大。白居易《琵琶行》里提到的那位女音乐人，当红之时“五陵年少争缠头，一曲红绡不知数。钿头银篦击节碎，血色罗裙翻酒污”，京都豪富子弟争先恐后来献彩，弹完一曲，收来的礼物不知其数。钿头银篦为了打节拍常常断裂粉碎，红色罗裙被酒渍染污也不后悔。很多男歌手也粉丝众多，如汉代唱“一顾倾人城，再顾倾人国”的李延年，唐代演唱李白《清平调》三章，杜甫、王维纷纷赠诗的李龟年，都曾红遍一时。

古代的明星也会鼓励自己的粉丝积极向上。唐代的南京有一位著名女歌星杜秋娘，她年少时就名满金陵，镇海节度使李锜成为她的粉丝，以重金请到府中。杜秋娘自己谱写了一曲《金缕衣》:“劝君莫惜金缕衣，劝君惜取少年时。花开堪折直须折，莫待无花空折枝。”这首诗的作者和诗意古人一直有争议，但有很多人相信，杜秋娘这首诗是在“隐谏李锜”，劝他珍惜青春年华，努力向上。唐宪宗继位后，李锜举兵被杀，杜秋娘进入皇宫，曾为宪宗演唱这首《金缕衣》，后来成为唐宪宗的妃子。唐宪宗死后她又经历宫廷内斗，最

唐 孙位《高逸图全卷·竹林七贤图》

后削籍为民，回到家乡，终老南京，著名诗人杜牧曾为晚年的她写过《杜秋娘诗》。

明末秦淮八艳之一的李香君，当时粉丝众多，其中之一就是少年名士侯方域，两人曾有一段感人的爱情故事，后来被谱写为《桃花扇》传奇。李香君力劝侯公子不要与朝中权贵马士英、阮大铖等人接近。侯方域离开南京时，李香君又置酒送行，反复提醒他要爱重名节。在《桃花扇》故事中，

更是突出了她为了爱国理想，和权贵坚决抗争的形象。同为秦淮八艳的柳如是，也因奉劝自己的粉丝兼丈夫钱谦益殉难而闻名。

粉丝追星，也应该努力向“爱豆”靠近，做一个更好的自己。竹林七贤里长得最帅的就是嵇康和阮籍，山涛和他们俩来往过于亲密，山涛的老婆就决定要亲眼看看嵇、阮，结果等山涛把两位男神请来，山夫人在家偷窥，彻夜不忍离开，第二天她就跟山涛说实话：“论颜值和才华，你已经配不上和他们做朋友了，只有多读书、多长见识和气度，才能继续和他们做朋友。”山涛也欣然认同。山涛妻子的这番话，或许告诉我们一个粉丝的自我修养：多读书，多陶冶气度，成为更好的自己，才是追星的正确方式。

清明节简史

清明节是我国最重要的传统节日之一，也是最重要的祭祀节日，历史极为悠久。清明节经历了漫长的演变，结合了寒食、上巳等风俗，最终成为今天我们熟悉的节日，来看看古人如何过清明节吧。

·作为节气的清明

“万物生长此时，皆清洁而明净，故谓之清明。”古人最早了解的清明，不是节日，而是节气。清明是二十四节气之一。节气在中国历史悠久，在《尚书·尧典》中提到仲春、仲夏、仲秋和仲冬，就是春分、夏至、秋分、冬至四个节气，根据《左传》的相关记载分析，春秋时已有春分、秋分、夏至、冬至、立春、立夏、立秋、立冬八个节气，这八个节气名称在战国末年的《吕氏春秋》中已经正式出现。二十四节气的全部名字出现，是在汉代初年淮南王刘安及门客编成的《淮南子·天文训》中，从此这二十四节气的名字就没有改变过，一直沿用到今天。根据《淮南子》，二十四节气是以北斗七星斗柄顶端的指向来确定，斗柄从“寅位”开始，然后顺时针旋转，当斗柄指向“乙位”时，就是清明节气。汉武帝以后，开始采用“平气法”平均划分节气，具体方法就是立杆测影，先确定每年日影最长、白昼最短的这一天为冬至，将之作为二十四节气的起点，之后每隔十五天为一个节气，清明节气就是冬至之后的第一百零五天。清初，受西洋传教士建议，“二十四节气”采用“定气法”，依据太阳在回归黄道上的位置确定，以春分点为零度起点，按黄经度数编排，当太阳黄经达十五度时，为清明交节点。

儒家典籍《礼记·月令》记载了每个月的征候，后人将其和二十四节气结合起来，总结为月令七十二候，每个节气三候。清明三候分别是“桐始华、田鼠化为鴽、虹始见”。这是说清明节气之后，阳气生发，白桐花开始绽放。再之后，田野中的老鼠开始竞相奔走觅食，看着跟鹌鹑之类的小鸟扑腾一样。再之后，阴阳之气交汇，阳光从薄云或雨雾中穿出，雨后的天空便经常能看到彩虹。

·寒食、上巳，那些逐渐融入清明节的节日

在很长的历史时期，寒食比清明更像是一个节日。寒食的起源一般被认为是为了纪念春秋时期晋国大臣介子推。当时晋国发生内乱，晋献公宠妃骊姬逼迫太子申生自杀，公子夷吾和重耳逃亡，跟着重耳出逃的大臣中就有介子推。这次流亡前后十九年，风餐露宿，历经艰难险阻，期间有位叫凫须的随从偷走了所有的资粮，重耳一行人饥饿难当，乞食无果，介子推竟然将自己大腿上的肉割下一块来，和着野菜煮成了汤给重耳吃，救下重耳一命。公子重耳当时非常感动，表示要是以后能成为君王，一定好好报答介子推。十九年的流亡之后，公子重耳真的成了君王，就是后来春秋五霸之一的晋文公。介子推也没有像其他人一样主动请赏，而是选择做了一名隐士，和母亲隐居绵山。晋文公为了逼其出山，下令放火烧山，介子推坚决不愿出山，竟被烧死。晋文公感念其志向，将他葬于绵山，修祠纪念，并下令在介子推死难之日禁火寒食，以寄哀思，这便是“寒食节”的由来。

这个故事最早见于汉代的典籍。实际上寒食的风俗起源更为悠久，和古人“改火”的祭祀传统相关。先秦时，初春时分，保存的火种容易发生火灾，人们便把火种熄灭，并要

举行隆重的祭祀仪式，之后再重新钻木取得新火，这就是禁火和改新火。改火期间没有火苗，所以大家会提前备好熟食，以冷食的方式用餐。寒食节“禁火”的习俗一直保留到了宋朝，宋朝结束后，寒食不再禁火，就变得“有名无实”了。寒食和清明节只隔一两天，后来实质上合并成了一个节日，甚至有时候将寒食作为清明的别称。扫墓也一度是寒食节习俗，唐代便是在寒食节扫墓，并逐步沿至清明。

上巳是三月的第一个巳日，也是一个古老的祭祀节日。春秋时期，郑国等地就有到这一天在河流上游祈祷的风俗，由女巫主持。汉代开始成为全民性的节日，《后汉书·礼仪志》记载，“是月上巳，官民皆絜于东流水上，曰洗濯袚除，去宿垢疢[1]，为大絜”，通过沐浴的方式来祛灾。魏晋南北朝以后，上巳固定为三月三日，人们除了在水边修禊[2]祈祷，还会组织郊游踏青、饮酒集会等活动，祭祀意味慢慢变淡，游乐气息越来越浓郁。历史上最有名的一次上巳聚会，就是东晋穆帝永和九年（353年）三月三日，王羲之与谢安、孙绰等四十一人，在山阴（今浙江绍兴）

① 疢（chèn），热病，泛指疾病。

② 修禊（xiū xì），古代的基本祭祀之一。多在水边举行，取涤旧荡新之义。

明 陈老莲《王羲之像》

北宋 张择端《清明上河图》（局部）

兰亭“修禊”，流觞曲水，诗酒唱和，王羲之为这次聚会的诗集做了一篇序文，这便是被誉为“天下第一行书”的《兰亭集序》。

唐代早期的三月三日，依旧有郊游踏青的大型活动，杜甫的名作《丽人行》开篇就说：“三月三日天气新，长安水边多丽人”。这一节日在南朝时期传入日本，并逐渐成为日本重要的节日之一，最初也叫上巳，庆祝内容模仿中国的流觞曲水。后来逐渐演变为日本的女儿节。

在唐代中期，因为上巳、寒食、清明时节接近，风俗逐渐开始融合，虽然这三个节日的名字都得以保留，在不同的地区也有各自的风俗和讲究，但整体来看，融合了祭祖、郊游踏青等风俗为一体的清明节影响力越来越大，到了宋代，

寒食已经是清明节的附属，《东京梦华录》里记载的清明节，就明确包括了寒食和清明日。

·古代也有清明假期，唐宋七天“黄金周”

算起来，清明节放假已经有将近一千三百年的历史了。唐玄宗开元二十四年（736年）开始，清明节正式有了“法定假期”。《唐会要·卷八十二·休假》记载：“（开元）二十四年二月十一日敕：寒食清明，四日为假。大历十三年二月十五日敕：自今已后，寒食通清明，休假五日。至贞元六年三月九日敕：寒食清明，宜准元日节，前后各给三天。”唐玄宗时期寒食清明一共是四天假，过了四十年，到唐代宗大历十三年（778年），增加了一天假期，又过了十几年，唐德宗贞元六年（790年），又增加两天，变成了七天，堪称“清明黄金周”。汉代长假只有夏至和冬至，各有五天。唐代早期，元旦和冬至各七天，寒食清明四天，夏至、中秋、腊八各三天，皇帝的生日也要放一到三天假。因为元旦冬至是春节前后，虽然也放七天，但不能算是黄金周假期，唐德宗以后，清明开始放七天假，确实有点真正像今天意义上的“黄金周”了。

宋代延续了唐代的政策，清明寒食也是七天假。这两个节日实际上已经完全融为一体，上巳的风俗也已经完全移植过来，成为“祭祖踏青黄金周”。在宋代，法定节假日除了元旦、冬至各七天外，还有三个黄金周，分别是元宵节、清明节和皇帝生日。

到了明朝，朱元璋是标准工作狂，对节假日毫无兴趣，他本人坚持全年无休，每天加班，经常干到深夜，国家假期也只有可怜的三天，分别是元旦、冬至和他的生日。朱元璋以后，后代的皇帝和大臣都深深认为要多放点假，明朝的法定假期相比洪武时期大大增加，元宵节放十天，元旦五天，冬至三天，但清明节从此退出国家法定节假日的序列，整个明朝都不再放假，清代延续了明朝的政策，也没有把清明纳入法定节假日，但民间对于清明节的重视一直长盛不衰。

·别致的浪漫，九百年前的清明记忆

唐宋时期，清明节最是盛大。成书于近九百年前的《东京梦华录》里详细回忆了当时清明节的场面。首先是寒食前一天，家家户户都要在家门口插上柳条，上面还往往有用面食做的“枣馅飞燕”，这是为了纪念介子推，所以也叫“子推燕”。要是家里有女孩子年满十五岁，也是在这天为她结发，完成及笄的仪式。清明节当天，人们会去扫墓，皇宫也会派车马到奉先寺和道者院，祭扫已逝宫人和嫔妃的坟墓。至于皇亲国戚的陵墓，并不位于首都开封，需要提前半个月安排宗室前去祭扫。

更多的人家要在这一天出城游玩，京城四周的郊区，到了这一天就好像一个闹市，大家围坐在绿叶柔嫩的大树下，或者在园林馆舍之间，摆好杯盘和酒菜，互相劝酒应酬。郊外各个园林里，来自京城的歌姬舞女歌舞不休，大家都会畅玩到黄昏才想起回家。在郊外还有卖各种食品和泥土制成的纪念品摊子，叫“门外土仪”，大家会买一些枣馅、炊饼等面点，也会买回来一些泥土捏造的小玩具，比如黄胖小泥人、玩具小刀、泥捏的花卉水果、泥捏的房屋模型、戏剧人物、鸭蛋、小鸡之类。回家的时候，轿子顶上插满了柳枝和野花，这些柳叶杂花从轿子顶上向四面垂下来，把轿子的小窗都遮挡住了。这一天还有皇家景点也会特别开放，迎祥池是首都风景绝美的地方，“夹岸垂杨，菰蒲莲荷，凫雁游泳其间，桥亭台榭、棋布相峙，唯每岁清明日放万姓烧香游观一日”。

《东京梦华录》还动情地记载：在清明节这天，各处集市里都卖稠饧[①]、麦糕、奶酪、乳饼之类的。当人们出城归来，缓缓漫步踏入城门，他们带着醉意，慢慢往家里去，斜阳渐渐西下，月亮慢慢升起，踏进家门的时候，正好看到月光映在盛开的梨花上。这一天，禁军分成几个队伍，骑在马上，奏起乐器，四处巡逻，这叫作“捧脚”，这些禁军兵士旗帜鲜明，军容雄壮，人和马都是那样的精神抖擞，也成了这个节日京城里一道特别的风景。

今天再看古人的清明记忆，确实有一种别致的浪漫。清明是人与先祖、人与自然互动的节日，家族的历史记忆、自然的和煦春光，这正是很多人在一生中最为珍视的事情。

① 稠饧（chóu táng），一种厚厚的饴糖。

· 千里东风一梦遥：文学世界中的清明节

清明寒食的诸多风俗，在古人的文学作品中有着生动的记录。唐代韩翃的《寒食》诗云："春城无处不飞花，寒食东风御柳斜。日暮汉宫传蜡烛，轻烟散入五侯家。"唐代制度，寒食日天下一律禁火，唯宫中可以燃烛。到清明这天，皇帝宣旨取榆柳之火赏赐近臣，以示皇恩。这首诗的后两句描述了这一现象，也有慨叹之意。相比之下，窦叔向的《寒食日恩赐火》诗"恩光及小臣，华烛忽惊春。电影随中使，星辉拂路人。幸因榆柳暖，一照草茅贫。"写得更加直白，可以和韩翃这一首诗参照。宋人的诗歌也有不少关于清明赐新火的记录，比如欧阳修《清明赐新火》一诗云："鱼钥侵晨放九门，天街一骑走红尘。桐华应候催佳节，榆火推恩忝侍臣。"

唐宋时期清明非常热闹，人们纷纷出游踏青。杜甫《清明》诗写道："著处繁花务是日，长沙千人万人出。渡头翠柳艳明眉，争道朱蹄骄啮膝。"可见当时游人之多。宋代欧阳修的《采桑子·清明上巳西湖好》，描写当时西湖踏青的情形，也极为生动："清明上巳西湖好，满目繁华，争道谁家，绿柳朱轮走钿车。游人日暮相将去，醒醉喧哗，路转堤斜，直到城头总是花。"出游踏青的人里男女都有，难免会邂逅浪漫的爱情。据说先秦时期，青年男女本来就会在初春时分

宋 李嵩《明皇斗鸡图》

踏青出行，并在野外寻觅自己的如意伴侣。唐代的崔护就曾在清明出游时遇到了心动的女子，可惜第二年再去时，伊人已经逝去，所以他写下了千古名篇《题都城南庄》：“去年今日此门中，人面桃花相映红。人面不知何处去？桃花依旧笑春风！”

古人在清明节前后也有许多娱乐项目，比如荡秋千、踢蹴鞠、斗鸡、放风筝等，在诗词中都有不少记录。唐玄宗赶路错过了清明节，在《初入秦川路逢寒食》诗中特别写道：“可怜寒食与清明，光辉并在长安道。自从关路入秦川，争道何人不戏鞭。公子途中妨蹴鞠，佳人马上废秋千。”宰相张说在一首《奉和圣制寒食作应制》诗中，特别提到“斗敌鸡殊胜，争球马绝调”。当然，清明节重要的活动之一就是回乡扫墓，路途之中难免感慨万千。杜牧的《清明》便是千古名作：“清明时节雨纷纷，路上行人欲断魂。借问酒家何处有？牧童遥指杏花村。”

《红楼梦》里也有关于清明节的记录。探春的判词和探春写的灯谜里都提到清明：“清明涕送江边望，千里东风一梦遥”“阶下儿童仰面时，清明装点最宜时。”前面这句诗描写的内容和后面这个灯谜的谜底都是风筝。放风筝是初春直到清明民间常见的娱乐活动，不过在描写探春时反复用到风筝意向，却是别有深意，暗示了她的命运。在第五十八回还写道："可巧这日乃是清明之日，贾琏已备下年例祭祀，带领贾环、贾琮、贾兰三人去往铁槛寺祭柩烧纸。"这也能看到当时大户人家的清明惯例。至于在贾府的下人丫鬟，清明这天不许在府内烧纸。贾府的优伶藕官和药官在戏里扮作两口子，生了真情，药官死后，藕官念念不忘，每节烧纸，有次清明节在大观园烧纸，被婆子抓住，幸亏宝玉救了她。

牛郎织女简史

牛郎织女的传说在中国流传已久，被认为是民间四大爱情故事之一，但他们的故事，版本众多，而我们熟悉的那个版本，其实出现很晚。古人心目中的牛郎织女爱情，跟现在有什么不同？我们追本溯源，大概考察一下这个故事的演变过程。

· 源于古人星辰崇拜，《诗经》中就有相关诗篇

牛郎织女的原型，是天上的星辰，他们的神话，是先民星辰崇拜的一种体现。对牵牛织女的拟人想象出现得很早，早在春秋时期，中国第一部诗歌总集《诗经》中，就已经有一首诗同时提到织女和牵牛，就是《小雅》中的《大东》。一般认为，这首诗的作者生活在公元前700年左右，

他是谭国（今山东济南一带）的一位大夫，距今已经有两千七百多年。诗里说“维天有汉，监亦有光。跂彼织女，终日七襄。虽则七襄，不成报章。睆彼牵牛，不以服箱。”诗人抬头看到天上的织女星和牵牛星，就抱怨织女织不成布帛，抱怨牵牛不能拉车运输。为什么会有这样的怨念呢？因为当时包括谭国在内的东方诸侯国，归顺周朝之后，劳役和税负很重，所以这首诗其实是一首抱怨周朝统治的诗。有学者评价这首诗想象奇丽，是屈原《离骚》的先导。在《诗经》中，牵牛织女虽然被拟人化，但并没有关于他们之间爱情的表达。

· 出土秦代竹简“见证”两人爱情

在《诗经》之后，人们慢慢赋予这两颗星星以爱情，但遗憾的是，在我们能看到的战国、秦代文献里，并没有相关记载。不过好在出土的文物帮助我们厘清了这个爱情故事的传承轨迹。1975年，湖北云梦睡虎地秦墓出土了一批战国末年到秦始皇时期的竹简，其中有两个竹简提到了牛郎织女。其第一五五简上文字是：“戊申、己酉，牵牛以取织女，不果，三弃。”第三简简背上文字为：“戊申、己酉，牵牛以取织女，而不果。不出三岁，弃若亡。”这两则记载大概是说

云梦睡虎地秦简

戊申、己酉是牵牛娶织女的日子，但两人的爱情没有好的结果，三年之后就分开了。

还有一个记载也很有意思，汉魏之间成书的《三辅黄图》中说，秦始皇营造咸阳宫的时候，原型是仿照天帝的居所，他用渭水来仿照天河，还特意在河上修了一座桥，说是方便牵牛会织女。这个记载不一定可靠，但我们基本上能确定，在战国和秦汉时期，民间已经在流传和纪念牵牛织女的爱情故事了。

·汉末三国时期，有不少提到牛郎织女爱情的诗歌

最近几十年考古发现的西汉画像里，有好几幅牛郎织女的图像。文献记载汉武帝曾在长安昆明池里，摆放了大型的牛郎织女石雕，据说现在陕西省西安市长安区斗门镇的一对两米多高的石像就是当时的遗留。

在东汉末年和三国初期，出现了不少文人关于两人爱情的描述。在汉代的著名诗歌《古诗十九首》中有一首《迢迢牵牛星》，就是织女思念牛郎而不得相见的传说，表达夫妻不能团聚的悲愁。从诗歌内容来看，牛郎织女的爱情故事已

西汉 天象图壁画 牛郎织女（局部）

经比较成熟了。这首诗是这样的："迢迢牵牛星，皎皎河汉女。纤纤擢素手，札札弄机杼。终日不成章，泣涕零如雨。河汉清且浅，相去复几许？盈盈一水间，脉脉不得语。"

至此，牛郎织女隔着银河不能团聚的故事，已经成了有情人不能相见的典故。三国时期曹魏的曹丕和曹植兄弟，都有相关的诗歌。曹丕的《燕歌行》中，就有"明月皎皎照我床，星汉西流夜未央。牵牛织女遥相望，尔独何辜限河梁"这样的句子。而曹植的名作《洛神赋》中也有"叹匏瓜之无匹兮，咏牵牛之独处"这样的表达。曹植的另一部作品《九咏》也感慨"临回风兮浮汉渚，目牵牛兮眺织女。交有际兮会有期，嗟痛吾兮来不时"，后来唐代人注释这首诗，就说"牵牛为夫，织女为妇。织女牵牛之星各处河鼓之旁，七月七日乃得一会"。

·魏晋南北朝时期，明确了七夕相会

据传是南朝时期任昉所著的《述异记》中，最早对牛郎织女的爱情故事有比较全面的介绍："大河之东，有美女丽人，乃天帝之子，机杼女工，年年劳役，织成云雾绢缣之衣，辛苦殊无欢悦，容貌不暇整理，天帝怜其独处，嫁与河西牵牛为妻，自此即废杼织之功，贪欢不归。帝怒，责归河

宋金 牛郎织女鹊桥相会故事镜

东，一年一度相会。”任昉生活的年代，距今大约一千五百年，他祖籍山东，但长期生活在南京。他所记载的故事，是说织女是天帝的女儿，负责织衣，工作压力很大，每天都愁眉苦脸。天帝怜悯她一个单身，就把她嫁给河西牵牛，但自从织女结婚后，乐不思蜀，就不再认真织衣了，天帝看她绩效不佳，一怒之下又让她回到河东，以后只能和牵牛一年见面一次。这已经和我们现在熟悉的经典爱情故事，结构上基本相同了。

虽然《述异记》里没有提到七夕，但事实上，在魏晋南北朝时期，牵牛织女七夕相会已经是广为吟咏的内容了。东晋学者李充有《七月七日》诗，提到“牵牛难牵牛，织女守空箱”。王鉴、苏彦、南朝宋孝武帝、颜延之等人都有相关诗歌。南北朝时期梁朝的湖北学者宗懔，在《荆楚岁时记》一书中记载：“七月七日，为牵牛织女聚会之夜。”他还引用晋代傅玄《拟天问》：“七月七日牵牛织女会天河。”可见，最晚到了魏晋南北朝时期，牛郎织女七夕相会的故事已经彻底成型。

·宋代笔记里，织女曾经下凡“出轨”

虽然牛郎织女是爱情的象征，但古人的想象力往往突破天际，超出我们的想象。在宋代成书的《太平广记》卷六十八里，就曾经用很长的篇幅记载了一个织女下凡出轨的故事，我们来看一下删除了细枝末节的版本：“太原郭翰，少简贵，有清标，姿度美秀……乘月卧庭中……见有人冉冉而下，直至翰前，乃一少女也……女微笑曰：天上织女也。久无主对，而佳期阻旷，幽态盈怀。上帝赐命游人间，仰慕清风，愿托神契。翰曰：非敢望也，益深所感。……乃携手登堂，解衣共卧……自后夜夜皆来，情好转切。翰戏之曰：牵郎何在？那敢独行？对曰：关渠何事？且河汉隔绝，无可复知。纵复知之，不足为虑！”这个故事很调皮，是说太原有个年轻帅哥叫郭翰，晚上躺在户外睡觉，忽然天上下来一个女神，说自己是天上织女，想要和他在一起。两人很快就欢好了起来，一直缠绵了好几晚上。郭翰有天问织女，我们这样做，牛郎知道了怎么办？织女霸气回复他："天上银河阻隔，他哪里会知道。就算是知道了，那又怎样，不足为虑！"

这个故事的后面还有很长，大概是说两人被迫分开，但织女还派侍女给他寄送了两首情诗，他也回诗一首，里面有这样的句子："人世将天上，由来不可期"，两人露水姻缘，从此再也没有见过面，但郭翰对织女一生念念不忘，思念而终。

·明清以来人神相恋，越来越世俗化

在之前的故事中，牛郎织女都是两位星神，可以说是一对"神仙眷侣"，和我们熟悉的人神相恋的套路不太一样。明代万历年间的白话神话

明 洒线绣鹊桥补子

小说《新刻全像牛郎织女传》，有四卷五十七则，朱名世编，这个小说中，牛郎和织女还是两位神仙，虽然增加了月老、李老君、太白金星等角色，但故事和前面的传说并没有太大出入。这部小说是个孤本，中国没有流传，反而在日本文求堂有收藏。民国时期有中国学者把它从日本买了回来，现在收藏在国家图书馆。此后类似的小说还有《牛郎织女》，也叫《鹊桥会》，在这个小说中，牛郎曾经是天上的神仙，但被贬落凡间，算是一个凡人。到这个时候才算是真正开始了人神相恋。

牛郎织女的故事，在清代的时候还成为京剧和各地地方戏中的主题，经常在七夕的时候演出。最有名的是皮黄戏《天河配》，也叫《牛郎织女》，牛郎偷窥洗澡，偷走衣服等情节，就是从这些通俗的戏剧里演绎出来的。

宋 佚名《牧牛图》

·课本上的《牛郎织女》，是叶圣陶改写的

中华人民共和国成立之后的课本中，一直有一篇《牛郎织女》，这个故事比较浪漫，是我们这代人目前最熟悉的牛郎织女故事的版本。这其实是叶圣陶根据明清以来的民间传

说改写的。这个版本跟我们前面提到的中国古代早期的传说差别很大，最大的区别是牛郎不再是一位星神，而是一个凡人，而牛郎的牛则不是一头普通的牛。故事里牛郎是一个穷困潦倒的孤儿，还要被哥嫂欺压，只能和自己的牛做朋友。之后在老牛的指点下，得以认识了下凡的织女。织女见牛郎心眼儿好，又能吃苦，便决心留在人间，做牛郎的妻子。两人过了三年美好生活，还生了一对儿女，但王母知道后大发雷霆，抓走了织女，并划出一道银河，“从此以后，牛郎在天河的这边，织女在天河的那边，两人只能隔河相望。日子久了，他们就成了天河两边的牵牛星和织女星”。

这篇课文实际上经过多次调整改写。1955年版初中《文学》课本的第一册，收录的叶圣陶的原文，故事比较长，特别是描写了一个细节，牛郎是很猥琐地偷了正在洗澡的织女的衣服，让织女没法回家，之后不得已才嫁给他，但后来可能考虑到学生的接受程度，在苏教版国标本第十一册的课文和语文S版第七册课文中，都去掉了牛郎偷窥洗澡和偷藏衣服的环节，只说牛郎看到女神嬉戏，上前搭讪才和织女认识的。

玉兔简史

每到中秋节，人们就会自然而然提到月亮，说起月亮上居住的嫦娥和玉兔。那么，玉兔是什么时候出现在中国人的生活中的呢？

·什么？玉兔居然是一只外来兔？

玉兔传说在中国起源于何时何地，是学术界至今尚未完全解决的难题。季羡林先生曾根据公元前1500年左右即开始编订的《梨俱吠陀》中就有了月亮与玉兔的内容，提出月中玉兔的传说，可能来自印度。实际上20世纪初日本学者藤田丰八等外国学者就曾有过类似的推断。

玉兔真的是随着佛教从印度传入中国的吗？我国唐代著名高僧玄奘大师口述、其弟子辩机大师编写的《大唐西域记》

中的一则记载，似乎为这一说法增添了一些证据。《大唐西域记》记载的是玄奘从长安出发亲身游历西域的所见所闻，在卷七中有记载，在鹿野苑这个地方，玄奘大师看到一座“三兽塔”，这座塔的由来有个历史悠久的传说。传说这里曾经生活着狐狸、兔子和猴子三只动物，它们自得其乐，有一天天帝释变成一个凡人降临到它们三个面前，说自己很饿，希望三位能够帮自己找点吃的。这三个富有爱心的动物一口答应，并且马上就去寻找食物。狐狸在水中捞到了鱼，猴子在树上摘到了果子，只有兔子一无所获。天帝释于是嘲讽了兔子，认为它和其他两只动物不是一条心，不配和它们做朋友。兔子听完，跟两位朋友说你们多找些柴火来，等狐狸和猴子拿来柴火，兔子点起大火，跟天帝释变成的老人说：“老人家，我是如此卑微，没有办法满足你的需求，现在我把自己做成食物，希望供你一餐！”说完居然点起大火，自己跳入烈火之中，很快就死掉了。天帝释被兔子震惊到了，变回了本身，拿出兔子的遗体感慨良久，才对狐狸和猴子说，“吾感其心，不泯其迹，寄之月轮，传乎后世”。他被兔子所感动，便将兔子安置在月亮之上，让后世的人都知道这件事。这个故事在印度流传很久，实际上梵语中的月亮一词，和兔子一词便有密切的联系。

这个兔子烧身的故事，其实在更早的汉译佛经里就有，三国时期康僧会在南京翻译的《六度集经》中就有这个故事的前一部分，不过故事变成了四只动物，而且缺了最后关于月亮的那一段，所以不容易让人将其和月中玉兔联系起来。

那么，玉兔真的是来自于印度吗？其实中国本土很早也有捣药的兔子。

·汉代的玉兔，已经在月亮上捣药了

在佛教传入中国之前，其实中国已经有了玉兔的形象。早期的玉兔和嫦娥，很可能还没有联系在一起。因为最早提到嫦娥的传世文献是西汉时期的《淮南子》，说嫦娥偷了后羿从西王母那里得来的不死药，奔上了月亮，“羿请不死之药于西王母，姮娥窃以奔月”。在新出土的秦简中也有类似的记载，但这些故事都跟兔子没啥关系。

关于兔子和月亮联系到一起的文献，古人认为最早出自屈原的名作《天问》。其中一句问月亮“夜光何德，死则又育？厥利维何，而顾菟在腹？”汉代的王逸注释《天问》，就觉得这个“菟”就是兔子，并且说他看到有的版本就直接写成“兔”字，宋代的大学者朱熹解释这个“顾菟”，直接说这俩字就是兔子的名字。近代以来，闻一多认为这其实是蟾蜍，还有学者认为这指的是白虎，对传统说法提出了挑战，并且得到不少支持，但依旧有不少学者坚持“菟”就是“兔”的观点。

不论如何，至少在汉代早期，我们的月亮传说中肯定已经有“兔子”了。在西汉早期的马王堆一号、三号汉墓，还有山东临沂金雀山九号墓帛画中，都有在弯月上绘有兔子和蟾蜍的形象，可见至少在西汉，兔子与月亮的关系就已经建立起来了。在汉代墓室壁画及画像石中，也可以看到不少奔跑在月亮中的兔子。洛阳西郊浅井头墓室（属于西汉中期）顶脊壁画上所绘女娲手捧的圆月中，就有一只蟾蜍和一只奔跑的兔子。这样的图案不仅在北方多次被发现，江苏徐州苏盱眙汉墓的棺盖顶板上绘制的日月图中，右方的月亮上也有一只蟾蜍和奔兔。

捣药的兔子大概出现在东汉，传世的汉乐府中，有“白兔捣药虾蟆丸”，这是互文，也就是白兔和虾蟆（蛤蟆）一起捣药，一起丸药（丸在这里是动词）。虽然诗里没有说它们在哪里捣药，但从出土的东汉时期的画像来看，它们的工作场所就是在月亮之中。山东安丘汉墓中室封顶石画像中，月轮里玉兔和蟾蜍执杵捣药，同一时期或者稍后的墓葬中，捣药的兔子形象越来越多见，而且不少兔子捣药的画像是和西王母一起出现的，古人想象西王母掌管着不死药，这玉兔显然就是制药团队中的重要工作人员。有趣的是，在不少汉墓发现的画像石或者壁画中，捣药的兔子还不止一只。甚至在山东滕州西户口东汉延光元年（122年）壁画中，有四只兔子分工明确，左边两只负责捣药，右边两只负责过滤。

因此，我们可以看到，至少在西汉，兔子已经和月亮产生了联系，至少在东汉，兔子已经开始在月亮上捣药了。

清代民间版画、纸马图像中的玉兔形象

·月亮上面有兔子，其实是很多民族的传说

事实上，月亮和兔子的关系，不仅仅古印度和古代中国有，在全球不少民族的神话传说中都有。在阿兹特克神话中，在混沌初开的时候，天地一片昏暗，没有一丝光亮。于是众神聚集在特奥蒂华冈，商量选派哪一位神祇去把宇宙照亮。有位叫乔吉卡特利的神和一个成天病恹恹的叫纳纳华冈的神接受了这个任务。纳纳华冈变成了太阳，乔吉卡特利则变成了月亮，当太阳和月亮一起从东方升起的时候，这个世界变得过于明亮。于是一个神灵机一动，把一只兔子扔到了乔吉卡特利的脸上，月亮就变暗了，成了现在这个样子。

危地马拉南部高地的玛雅部族齐切人流传下来的玛雅创世神话《波波乌》中记载，玉米神被冥王杀死后，其孪生儿子深入冥界，在兔子的帮助下战胜冥界诸神，救得父亲复活。于是哥哥成为太阳神，弟弟成为月神，兔子则成了月神的宠物。学者在玛雅城遗址挖掘出的雕像，确实也有月神与兔子的身影。中国社会科学院考古研究所李新伟研究员曾撰文指出，在波士顿美术馆收藏的一件筒形杯上，彩绘有月亮女神给兔子哺乳的画面。普林斯顿大学艺术博物馆藏的一件著名绘画筒形杯上则生动描绘了月亮女神和兔子协助英雄双兄弟智斗冥王的故事。除此之外，非洲、墨西哥、北美乃至我国

瑶族的神话中，都有月亮与兔子相联系的传说。

我们可以推想，兔子和月亮的故事的出现，大约和古人观月时的想象有关系，我们要是仔细看月海[1]，也确实有点像兔子。而且兔子和月亮，还有更深入的关系，兔子生产的周期正好是大概一个月的时间，而且总是习惯在晚上生产，这就和月亮一月一次的周期以及晚上明亮的形态很接近，不同民族的人们不约而同地选择用兔子来指代月亮，在某种意义上也是可以理解的。

· 中国文学中的玉兔形象

即使不算屈原的《天问》，中国文学中也有不少关于玉兔的诗歌。魏晋时期著名的文学家、思想家傅玄曾经模仿屈原的《天问》写过一首《拟天问》，其中一句就是“月中何有？白兔捣药。”宋代的大文豪欧阳修曾专门写过一首《白兔诗》，其中就写道“天冥冥，云蒙蒙，白兔捣药姮娥宫。”陆游也曾借“金丹九转徒可闻，玉兔千年空捣药”的修道艰难，抒发对时光易逝的感慨。陆游还曾经梦见自己做了神仙，飞行

①　月海，月球月面上比较低洼的平原，用肉眼遥望月球有些暗色斑块，这些大面积的阴暗区就叫作月海。

清　冷枚《梧桐双兔图》

在天空之上游览，“白云反在下，使我毛骨寒。天如玻璃钟，倒覆湿银海。素璧行其间，草木尽光彩。姮娥顾我笑，手抚玉兔儿”。在九天之上，他看见嫦娥仙子抱着兔子冲他笑。

但要论我们最熟悉的玉兔的文学形象，则莫过于《西游记》第九十五回中的玉兔精。这一回的回目就叫作《假合真形擒玉兔　真阴归正会灵元》。孙悟空与这妖怪缠斗半日，不分胜败，只好使出绝招，把金箍棒丢起，以一变十，以十变百，以百变千，那妖怪不敌，只好往碧空中逃命，又被西天门众神拦下，只好回头和猴子拼命。猴子这时候才看出来，这个妖怪的兵器非常独特，“见那短棍儿一头壮，一头细，却似舂碓臼的杵头模样”。这妖怪为了夸赞她的兵器，还念了一首诗，最后说“这般器械名头大，在你金箍棒子前。广寒宫里捣药杵，打人一下命归泉”。后来这妖怪逃脱，孙悟空找到了巢穴，正准备一网打尽，太阴星君带着嫦娥前来求情，解开谜底：“与你对敌的这个妖邪，是我广寒宫捣玄霜仙药之玉兔也。”

· 明清之际的兔儿爷信仰

在明清时，还出现了祭拜兔儿神的传统。明人纪坤《戏题》诗小序中说，当时“京师中秋节，多以泥抟兔形，衣冠踞坐如人状，儿女祀而拜之”。这种人身兔首的形象很快成为盛行一时的中秋节民俗，尤其是在清代，其正式定名为“兔儿爷”。蒋士铨《京师乐府词十六首》中就有一首专门描写这种习俗：“月中不闻杵臼声，捣药使者功暂停。酬庸特许享时祭，抟泥范作千万形。居然人身兔斯首，士农工商无不有。就中簪缨窃绅黻，不道衣冠藏土偶。持钱入市儿喧哗，担头争买兔儿爷。”每到中秋节，人们就会竞相购置兔儿爷，而街上销售这一形象的摊铺也备货极多，清代杨静亭的《都门杂咏》说当时卖兔儿爷的摊铺之多，已经“满街争摆兔儿山”。

这种习俗在民国时期还有流传，老舍先生的名作《四世同堂》里曾经描写了一个细节，当时日本人占据北京城，中秋之际，祁老爷逛街时，“看见两个兔儿爷摊子，都摆着许多大小不同的，五光十色的兔儿爷。在往年，他曾拉着儿子，或孙子，或重孙子，在这样的摊子前一站，就站个把钟头，去欣赏，批评，和选购一两个价钱小而手工细的泥兔儿。今天，他独自由摊子前面过，他感到孤寂”。这也可以从侧面看出兔儿爷在中秋节的流行程度。

在清代还流传另一种兔儿神的信仰，所保佑者为男男相恋的爱情。袁枚的《子不语》中详细记载了这个故事。清代初年有个按察御史去福建工作，当地有个叫胡天保的男子非

明 商喜《真禅内印顿证虚凝法界金刚智经》中的月宫仙子与玉兔

常爱慕他，以至于经常偷窥。被按察御史抓住，询问原因，他便大胆表白："实见大人美貌，心不能忘。明知天上桂岂为凡鸟所集，然神魂飘荡，不觉无礼至此。"按察御史大怒，就将他杀死。结果过了一个月，死去的胡天保托梦给乡亲，"我以非礼之心，干犯贵人，死固当然。毕竟是一片爱心，一时痴想，与寻常害人者不同，冥间官吏俱笑我、揶揄我，无怒我者。今阴官封我为兔儿神，专司人间男悦男之事，可为我立庙招香火"。后来在福建这一带真立了不少祭祀他的庙宇。

除了泥塑的兔儿爷像，明代还有专门拜月用的月光纸，明人刘侗、于奕正合著的《帝京景物略》中详细记载了这种纸的样式，上面绘有来自佛教的月光遍照菩萨，还有一只捣药的兔子。这种月光纸在清代也很流行，也叫月光马。富察敦崇的《燕京岁时记》说，"月光马者，以纸为之，上绘太阴星君，如菩萨像，下绘月宫及捣药之玉兔，人立而执杵。藻彩精致，金碧辉煌，市肆间多卖之者"。这种纸张的用途，则是"向月而供之。焚香行礼，祭毕，与千张、元宝等一并焚之"。

哪吒简史

2019年8月，《哪吒之魔童降世》热映，这部电影在传统故事的基础上大胆创新，成功圈粉不少“自来水”，口碑一路上扬。看过这个电影，很多人觉得其中的哪吒和自己心目中原有的哪吒形象大为不同，也有人认为这是对传统文化的“恶搞”。其实，很多人对哪吒的印象来自小时候的动画片《哪吒闹海》以及《封神演义》《西游记》等小说和电影。事实上，唐代以来，哪吒形象经历了多次变化，关于他的神话故事也有着多个源头，故事本身也一直在创新。

· 哪吒来自佛教传说，最早出现在唐代

很多人觉得哪吒是本土神仙，其实论其源头，哪吒是来自佛教传说，算是一个外来神仙，但在中国他经历了彻底的

“中国化”。不过我们现在读“哪吒”这两个字，还是会发现它和汉字的读音传统很不同，这是因为这个词最早是从梵语音译过来的。唐代长安大兴善寺不空和尚翻译的《北方毗沙门天王随军护法仪轨真言》《北方毗沙门天王随军护法真言》《毗沙门仪轨》等都涉及哪吒，全名叫作那吒俱伐罗，是北方毗沙门天王的后辈。

唐昭宗时期宰相郑綮写过一本叫《开天传信记》的书，里面记载了开元、天宝年间的三十多个故事。这本书里最早记载了哪吒的传说，说有佛教高僧道宣大师，夜里行路不慎掉下台阶，快要坠地的时候得到一位少年神祇的帮助，这位少年告诉他自己并非常人，乃是“毗沙门天王哪吒太子也”。他还说自己一直守卫佛教，并把自己供养的佛牙送给了道宣大师。这是我国本土关于哪吒最早的文字记载，这时候的哪吒形象，主要是一个少年，是四大天王中毗沙门天王，也就是我们常说的多闻天王的太子，是一位守护佛教的护法神，他的其他的传说这个时候还没有出现。而道宣大师，历史上真有其人，而且在中国佛教史上非常重要，是中国的律宗初祖。

· 宋代哪吒故事更加丰满

在宋代的佛教禅宗史书《五灯会元》里，哪吒的故事比唐代更进一步。《五灯会元·遂州圆禅师法嗣》记载：“哪吒

五代　敦煌莫高窟　毗沙门天王壁画

太子析肉还母，析骨还父。然后现本身，运大神力，为父母说法。”在这个时期的记载里，比唐代的简单记载，多了“析肉还母，析骨还父”这个细节，这个故事后来得到弘扬，我们熟悉的《西游记》第八十三回里，就有对这个事情的追述，但和后来我们熟悉的传说不太一样的是，他之所以这样做，是为了度化父母，而不是要与父母“恩断义绝”。

到了南宋，洪迈的《夷坚志》里记载有一位程法师，夜里遇到一个怪物，原来是一个石精。程法师“持哪吒火球咒”，结印和石精斗法，“俄而见火球自身后出，与黑块相击，久之铿然响进而灭”。就是说他催动“哪吒火球咒”后，身后就出现了大火球，大火球和黑色的石精战斗，最终战胜了这个石头精。这显然是后来明代的《封神演义》中哪吒大战石矶娘娘这个故事的原型。晚清著名学者俞樾在《小浮梅闲话》中还认为，这个故事里的火球，也是后来哪吒风火轮的基本原型。

· 元代哪吒形象佛道结合，故事和现在很接近

宋末元初，哪吒形象被搬上杂剧舞台，元人杂剧《二郎神醉射锁魔镜》中就有哪吒出场：“小圣乃哪吒神也，为因小圣降十大魔君：……俺这壁哪吒出马，三头飐飐，六臂辉

辉，三头飐飐显神通，六臂辉辉降妖怪……哪吒怒从心上起，显着那三头六臂，六般兵器……”这时哪吒已经拥有了三头六臂的形象。

元代到明代期间，哪吒的形象更加丰满，并且呈现佛道融合的趋势。源于元代刊刻于明代的《三教搜神大全》中记载的哪吒，已经和我们现在看到的非常接近了。这时候的记载说，哪吒本是玉皇驾下的大罗仙，身长六丈，头戴金轮，三头九眼八臂。只因世间多妖魔，玉帝命他下凡降除，故托胎于托塔天王李靖之妻，为李靖的第三子。生后不久，去东海沐浴时，惹恼龙王，他杀死龙王太子，又射死诸魔领袖石矶娘娘之子，致使李靖非常生气。于是，哪吒割肉剔骨送还父亲，而抱真灵求全于佛祖。佛祖便以荷菱为骨，莲藕为肉，莲叶为衣，使其复活，并授以法轮密旨及“木长子”三字。哪吒从此便能大能小，能透河入海、移星转斗。后被玉帝封为三十六员第一总领使，天神之领袖，永镇天门。

我们可以明显地看到，这个故事中的哪吒形象融入了非常多的道教元素，但复活哪吒的却是佛祖，呈现出佛道融合的新趋势。同时，托塔天王李靖、东海龙王、石矶娘娘、莲花化身等关键词都已经出现，和后代传说已经非常接近。

清《三教源流搜神大全》中的哪吒画像

·明代小说大力宣扬，哪吒故事广为流传

今天我们熟悉的哪吒形象，更多来自明代小说《封神演义》和《西游记》。和元代的记载相比，《封神演义》中的记载，细节更加丰富精彩，比如哪吒闹海的故事，元代只是短短几句话，在明代小说中就变得非常饱满了。与元代记载不同的是，《封神演义》中哪吒的老师从佛祖改为乾元山金光洞太

乙真人。《西游记》第八十三回中，也对哪吒的生平做了长篇幅的回顾，和《封神演义》不同的是，《西游记》中将哪吒用莲花起死回生的，也是西方佛祖。事实上，太乙真人这个形象，是《封神演义》中原创的。

这个时期，哪吒成为颇具人气的“全民偶像”，他的外貌也开始明晰起来。对哪吒的长相着墨最多的，当属《封神演义》。在这部成书于明代中期的小说中，哪吒的形象大概分为三个阶段。

第一个形象是哪吒出生。在第十二回，描写哪吒刚刚出

民国石印本《封神演义》

生时 :“有一肉球，滴溜溜圆转如轮。李靖大惊，望肉球上一剑砍去，划然有声。分开肉球，跳出一个小孩儿来，满地红光，面如傅粉，右手套一金镯，肚腹上围着一块红绫，金光射目。”是一个白白嫩嫩的婴儿。

第二个形象是莲花化身。第十四回，太乙真人用莲花荷叶复活哪吒，描述是 :“只听得罄一声，跳起一个人来，面如傅粉，唇似涂朱，眼运精光，身长一丈六尺，此乃哪吒莲花化身。”长相是很英俊，脸色天然白皙，就好像涂了粉一样，虽然唇红齿白，但身高实在惊人，要是按商代比例换算，一丈六尺也得有今天的两米七，要是按明代比例算，更是有近五米高，这显然是艺术的夸张。

第三个形象则是三头八臂。在第七十六回，太乙真人传授了哪吒三头八臂的神通，当时的形象是 :“面如蓝靛，发似朱砂，丫丫叉叉，七八只手。”蓝靛是一种成熟后紫黑色的中药，所以他这个样貌非常凶恶，黑脸红发，和原来可爱童子的形象大有不同。

在《西游记》中，哪吒虽然成年，但还是儿童形象。在第四回中，说他“总角才遮囟，披毛未苫肩。神奇多敏悟，骨秀更清妍”。是一个尚未成年的可爱小男孩，以至于孙悟空骂他 :“小太子，你的奶牙尚未退，胎毛尚未干。”这个形象深入人心，清代的哪吒庙中，供奉的往往就是这个形象。20世纪70年代以来，各种相关的动画和电视剧中的哪吒也基

第十二回　陳塘關哪吒出世

詩曰

金光洞裏一奇珍。降落塵寰輔至仁。
周室已生佳氣色。紂家應自減精神。
從來泰運多梁棟。自古昌期有劫燐。
戊午時中逢甲子。悮嗟朝野盡沉淪。

話說陳塘關有一總兵官，姓李，名靖，自幼訪道修真。拜西崑崙度厄真人爲師，學成五行遁術。因仙道難成，故遣下山，輔佐紂王，官居總兵，享受人間之富貴。元配殷氏，生有二子，長曰金吒，次曰木吒。殷夫人後

297

《封神演义》第十二回《陈塘关哪吒出世》

本上是以儿童哪吒为基本形象塑造的。

《封神演义》等小说的影响力非常大，甚至影响了中国民间信仰。这部小说中很多原创的角色，后来都成为道教和民间信仰中的神仙，而其中的重要角色哪吒，也成为民间信仰崇拜与祭祀的对象。比如澳门就有有名的哪吒庙，被列入世界文化遗产。四川省等地有哪吒行宫。这是因为在明代以后随着民间传说的发展，有人开始认为哪吒出生在四川。当然，跟其他很多名人一样，“哪吒故里”也有不少城市争夺，据说四川宜宾、四川江油、天津陈塘庄、河南南阳都宣称哪吒是自己那边的娃儿。在中国台湾地区，三太子塑像在道教宫观中非常普遍，三太子信仰是一种独特的文化。

从上面的简单叙述可以看得出来，哪吒源于佛教，本来不是一个中国小孩，但其精彩故事，都是在其中国化的过程中形成的。哪吒在我国文字记载中最早出现在唐代，此后其故事逐渐丰满生动，在元代时候已经成为佛道合一的神灵，而明代的《封神演义》等小说，进一步塑造了其传说细节，并且使其在民间得到广泛信仰，从此哪吒传说成为人人皆知的故事，甚至成为重要的宗教信仰。最近几十年，以哪吒为原型的各种动画片，比如《哪吒闹海》等经典作品乃至曾经热映的《哪吒之魔童降世》，都在明代小说的基础上进一步创新，为哪吒形象增添更多亮色。

灶神简史

“上天言好事，回宫降吉祥”，在微波炉、燃气灶还没有普及的年代，灶是一个家庭最重要的生活空间之一，灶王神的地位也极为崇高。文章开头的这幅祭灶贴，就是每到小年这一天，上至天子，下至百姓，家家户户贴在灶前的祈愿。人们相信灶王神是上天安排在每户家庭的监督者，掌握着这个家庭里每个成员这一年的善行、恶念，小年这一天，灶王神就会起驾回到天上，在过年前向玉帝细细禀告善恶，作为“善有善报、恶有恶报”的依据。来年家庭运势好坏，可全系之于灶王老人家打什么样的报告，所以人们期望他能多说好事，带来吉祥。灶神之重要，绝非仅仅在于守护厨房，而是全家的守护神。

在宋代以来逐渐定型的民间重要神灵中，灶王神和厕神受到科技进步的冲击最大，城市中的厨房和厕所与古代社会已经有了极大的不同，这两位神灵也面临着祭祀者越来越少的窘境。但从另一个方面来说，我们如果回顾灶王神信仰和小年习俗的发展历程，也能对我们理解民族的文化历史提供一个有趣的视角。

· 燃火烧灶，灶王神是火神吗？

在大多数人对汉族古代神话的印象中，火神叫祝融，水神是共工。火神管火，灶神也管火，那灶神是不是和火神有什么关系呢？

事实上，在先秦时期，很多人显然认为灶神就是祝融。所以东汉应劭《风俗通义》卷八《祀典》引古《周礼说》："颛顼氏有子曰黎，为祝融，祀以为灶神。"这句话清楚地表达了两重信息：第一，灶神就是祝融；第二，祝融的名字叫黎，是颛顼氏的儿子。神话时期的人物关系非常复杂，学术界至今众说纷纭，不管是颛顼还是祝融，其具体身份都有不少于十种的考证。不论如何，我们可以知道，在东汉时期，灶神已经和火神"一个班子，两块牌子"，其实就是一个人了。在汉朝，灶神祝融的身份细节也越来越清晰，越来越全面。大概是大家觉得祝融这个名字过于大气，和充满烟火气的灶神不够协调，南朝梁宗懔《荆楚岁时记》引许慎《五经异义》

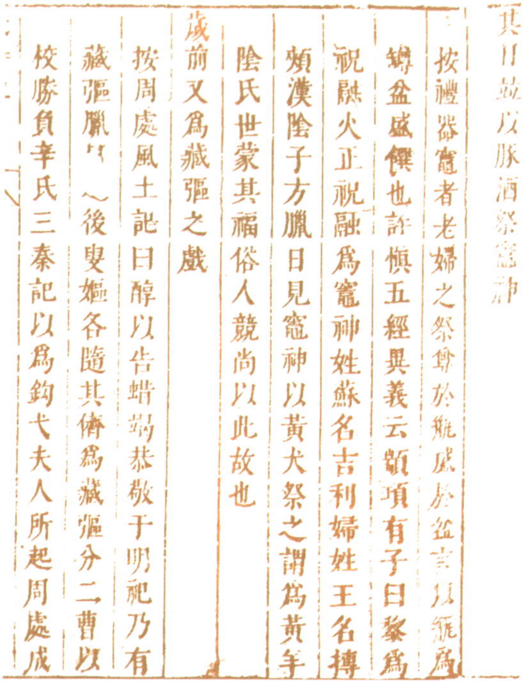
其日並以豚酒祭竈神
按禮器竈者老婦之祭尊於瓶盛於盆言以瓶爲
罇盆盛饌也許慎五經異義云顓頊有子曰黎爲
祝融火正祝融爲竈神姓蘇名吉利婦姓王名搏
頰漢陰子方臘日見竈神以黃犬祭之謂爲黃羊
陰氏世蒙其福俗人競尚以此故也
歲前又爲藏彄之戲
按周處風土記曰醇以告蜡竭恭敬于明祀乃有
藏彄臘[illegible]之後叟嫗各隨其儕爲藏彄分二曹以
校勝負辛氏三秦記以爲鈎弋夫人所起周處成

南朝《荆楚岁时记》中关于灶神夫妇姓名的记载

云："颛顼有子名黎，为祝融火正。祝融为灶神，姓苏名吉利，妇姓王名抟颊。"祝融为颛顼之子黎的身份得以保留，还多了一个"苏吉利"这样富有乡土气息的俗名。吉利可能是秦汉人很喜欢的名字，我们熟悉的汉末枭雄曹操，据说就是一名吉利，小字阿蛮。

民国 灶君之神纸马

或许是怕祝融一个人分管灶火太过寂寞，大家还为他搭配了一个名为“王抟颊”的夫人。灶神夫人的名字很有画面感，“抟”的读音同“团”，意思是把东西揉弄成球形，所以一看到“抟颊”，就是一副揉捏着脸颊的少女形象。所以每次看到很多明清版画里把灶神奶奶画成一个老太太的形象，就很让人感到失落。

清代翟灏的《通俗编》也引用许慎《五经异义》，但又多出几句来，“灶神姓苏，名吉利。或云姓张，名单，字子郭。其妇姓王，名抟颊，字卿忌”。给苏吉利多了一个张子郭的名字，还给王抟颊取了个很独特的字。多出来的文字大概源自《后汉书·阴识传》的唐代李贤注所引的《杂五行书》：“灶神名禅，字子郭，衣黄衣，夜被（披）发从灶中出，知其名呼之，可除凶恶。”是说灶神名禅字子郭。唐代段成式的《西

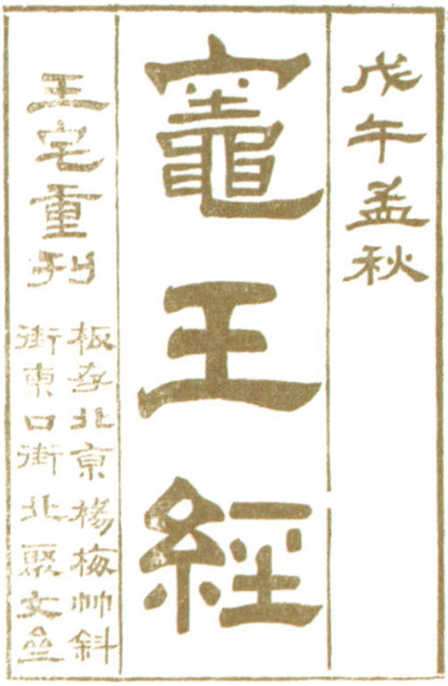
戊午孟秋

竈王經

王宅重刊

板存北京楊梅竹斜街東口街北聚文盛

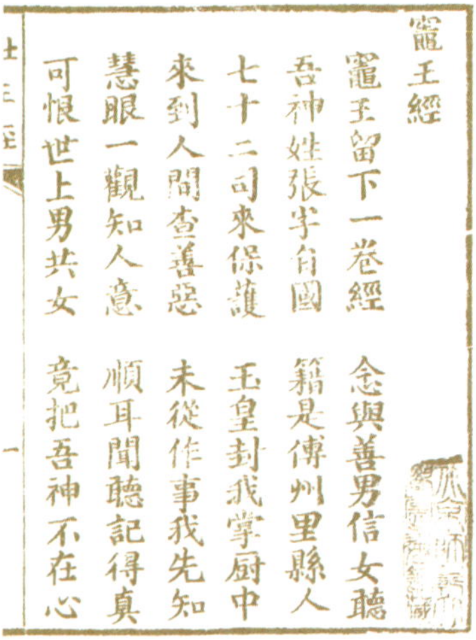
竈王經

竈王留下一卷經　念與善男信女聽
吾神姓張字自國　籍是傳州里縣人
七十二司來保護　玉皇封我掌厨中
來到人間查善惡　未從作事我先知
慧眼一觀知人意　順耳聞聽記得真
可恨世上男共女　竟把吾神不在心

民间流传的《灶王经》中提到灶王名叫张自国

阳杂俎》也提到他“又姓张名单，字子郭。夫人字卿忌。”但段成式还给出了灶神的一个新名字：“灶神名隗”，所以灶神究竟叫什么，早已成为莫衷一是的谜团。在明清时代民间流传的《灶王经》中，灶神还有张自国、张仁之类的姓名，唐代以来人们大都觉得灶神姓张，有学者认为这是受到道教张天师信仰的影响。

·灶王神还和炎帝有关？

和古代很多民间信仰中的神灵一样，灶王神的来源并不简单。前文提到先秦时候很多人认为灶神就是火神，也就是祝融。但问题在于，火神这个头衔也有不少竞争者。也有很多人认为，灶神确实是火神，但这个火神乃是炎帝。

这个说法的源头大概是在《淮南子》，提到“炎帝作火，死而为灶。禹劳力天下，死而为社。”高诱注：“炎帝、神农，以火德王天下，死托祀于灶神。”但是炎帝的地位太高，普通人家的灶事又实在过于寻常，所以有很多人提出反对意见，这个说法在后代渐渐式微了。

我们可以从文化发展的角度来看灶神与火神的关系。在掌握火之前，我们先民实际上处于“茹毛饮血”的饮食状态。《礼记》追溯当时的生活“昔者，先王未有宫室，冬则居营窟，夏则增巢；未有火化，食草木之实，鸟兽之肉，饮其血，茹其毛；未有麻丝，衣其羽衣”。人们和其他动物的生存状态并没有太大差异。这种饮食方式导致古人疾病频繁，寿命短暂。《韩非子》说：“上古之时，民食果蓏蚌蛤，腥臊恶臭，而伤害肠胃，民多疾病。”

先民对火的掌握，最早的应用就是在饮食领域，火为人们带来了与茹毛饮血时期截然不同的食物。《释名》说：“灶，造也，创食物也。”这种全新的饮食生态，其实就是“灶”。人们将火神与灶神看作是同一个人，是自然而然的事情。灶的出现当然在火的掌握之后，但从考古来看，古人使用灶也极早，20世纪80年代，考古学家曾在陕西省宝鸡市福临堡仰韶遗址中发现了非常精巧的釜灶，这说明至少在仰韶文化时期，就已经有灶在使用了。

· 灶王神的原型是一只蟑螂？

灶王神到底长什么样子呢？古代的典籍里众说纷纭。从早期的记载来看，灶神似乎一度是女性形象。《礼记》云：“奥者，老妇之祭也，故盛于盆，尊于瓶。”学术界一般都认为这个“奥”字就是“爨”字，也就是灶的意思。灶祭的对象，是一位老妇人。《汉书·郊祀志》“族人炊之属”注云：“先炊，古炊母之神也。”学术界一般认为，这是对母系氏族社会的回忆，女性是灶火的主要使用者，对炊事贡献最大，灶神也就以女性氏族首领为原型出现。到了后代，男性地位抬升，灶神又逐渐变换为男性，在继承灶神女性特征的基础上对其性别做了大胆调整。《庄子·达生》说："灶有髻"，晋司马彪的《庄子注》则解释说："灶神，其状如美女，着赤衣，名髻也。"状如美女四个字很耐人寻味，这就叫"似是而非"，看起来像美女，那就是说他其实不是美女，而是男子。前面讨论灶神与祝融关系时，汉唐时期人们一直致力于给祝融取名和搭配夫人，自然从没有考虑过他是女性。到了元代以后，灶神的形象就是大胡子、黑脸，完全抛弃了女性特征，但在道教《太上洞玄灵宝补谢灶王经》中，"昆仑之山，有一老母独处其中"，还保留了灶王老妇人的形象。

今天的研究者们也对灶神信仰的起源提出不少新说。其中最富有想象力的，莫过于著名神话学家袁珂先生。他在《漫话灶神和祭灶》一文里提出，灶神的来源，其实就是古人灶头常见的蟑螂。袁先生引用古人"灶神为颛顼之子穷蝉"的记载，经过一系列考证，认为这个蝉是灶头一种像蝉的动物，也就是我们所说的蟑螂。他提出前面我们所引用的《庄子》里"灶有髻"的"髻"字，《风俗通义》里"颛顼氏有子曰黎，为祝融"的"黎"字，包括后来说祝融叫"苏吉利"

的“吉利”等字，都是“蛣”字的假借和变化，其实就是蟑螂。

·为什么是在小年这天祭灶？小年到底是哪天？

前面说了不少关于灶王的形象和故事，那么灶王和小年又是什么关系？实际上，灶神祭祀在先秦就已经很普遍，《礼记》里就有关于灶祭的描写，《论语》里提到“与其媚于奥，宁媚于灶”。这是当时流行的俗语，所以卫灵公的大臣王孙贾问孔子这句话是什么意思。奥是屋内西南角供奉家神的地方，这句话就是说与其供奉家神，不如供奉灶神。为什么呢，因为灶神与生活息息相关，虽然地位低，但有实权在手。王孙贾大概是想用这句话来敲打孔子，暗示自己就相当于是有实权在手的灶神。这也从侧面说明，当时祭祀灶神已经是非常普遍的社会现象了。

先秦两汉祭祀灶神是在夏天，《礼记·月令》说：“仲夏之月，日在东井……其祀灶，祭先肺。”班固撰《白虎通义》卷二《五祀》说：“夏祭灶。灶者，火之主，人所以自养也。”夏天天候炎热，与灶火有共通之处。汉武帝曾经被鼓吹祭灶的方士李少君和齐少翁蛊惑，亲自主持过祭灶。

到了魏晋以后，因为灶神曾在腊日（腊月初八）显灵，所以不少人纷纷改为腊日祭灶，距离后世小年的时间近了一大步。这个显灵故事当时影响很大，在《汉纪》和《后汉书》等书中都有记载，但以干宝《搜神记》卷四中的故事最为清晰。大概是说汉宣帝时南阳有个叫阴子方的孝顺小伙，很喜欢做善事，还积极举行祭灶活动，终于感动了灶神，某年腊月八日，他早上烧火做饭的时候，灶神忽然便显灵了。阴子方身边也没有准备什么祭品，就把一只黄羊（这里的黄羊是一种黄色的狗）献给了灶神。灶神对他的奉献非常满意，从这天开始，他们家就一步步暴富，家有田地七百多公顷，奴仆和皇宫一样多，后代子孙更是贵不可言，三代人里有四个封侯，"省部级干部（牧守）"出了十几个。大家看他们家祭祀灶神这么灵验，就纷纷在腊日用黄羊祭祀灶神了。南朝梁宗懔的《荆楚岁时记》也说，"其日（腊日），并以豚酒祭灶神"。日子还是在腊日，只是祭祀的牺牲从黄羊变成了猪。

阴子方和《荆楚岁时记》所记载的风俗，大都是在楚汉之交的时期，当时的江苏一代，祭灶的时间似乎又有不同。周处《风土记》云："腊月二十四日夜，祀灶，谓灶神翌日上天，白一岁事，故先一日祀之。"这一带最早开始在腊月二十四晚上祭灶，并且逐渐影响到全国。到了宋代，腊月二十四日被称为"交年节"，祭灶固定在这天晚上。北宋吕原明《岁时杂记》云："十二月二十四日，谓之交年节。"两宋之交的孟元老在《东京梦华录》里也说："二十四日交年，都人至夜请僧道看经，备酒果送神。"南宋吴自牧《梦粱录》说："二十四日，不以穷富，皆备蔬食饧豆祀灶。"南宋诗人范成大的《祭灶词》说"古传腊月二十四，灶君朝天欲言事。云车风马小留连，家有杯盘丰典祀。"也是对这一节日的生动描述。

宋代的交年节，就是今天的小年。这时期因为佛教和道教的影响，祭祀的时候更普遍使用果蔬。整个明代，祭灶也都是在腊月二十四日，也称之为交年。

今天北方地区常以腊月二十三为小年，这是从清代宫廷中传出的。雍正帝开始，每年腊月二十三在坤宁宫祀神，但是第二天还要祭灶，为了省事，干脆就在二十三日这天一并送灶。《清史稿·礼三》记载："惟十二月二十三日，宫中祀灶以为常。"后来还有"官三、民四、疍家（水上人家）五"的说法。北方地区受宫廷影响，大都以二十三日为小年，南方地区则大都保持唐宋以来二十四日小年的传统。全国各地小年至今还有不同的日期，但大都是在这两天。

· 古人巴结灶神的"花样"祭祀法

古代有种司命神的信仰，这些神灵居住在人间，负责对人间的监察。到了魏晋时期，道教徒开始把司命神和灶神联

清《三教源流搜神大全》中的灶神图像

系到一起，葛洪在《抱朴子》里说："又月晦之夜，灶神亦上天白人罪状。"根据王国维先生的考证，唐宋时期，司命和灶神就彻底合二为一，灶神记录善恶上天告状的职能彻底固定下来，著名的《太上感应篇》就将灶神称为"司命灶君之神"。清代的《敬灶全书·真君劝善文》中的灶神"乃东厨司命，受一家香火，保一家康泰，察一家善恶，奏一家功过。每逢庚申日，上奏玉帝。终月则算，功多者，三年之后，天必降之福寿。过多者，三年之后，天必降之灾殃"。

为了讨好灶君，让他能够"上天言好事"，古人们想出各种各样的法子。

方法之一就是迷醉。《东京梦华录》记载腊月二十四日这天，人们“以酒糟涂抹灶门，谓之‘醉司命’”。大家把酒糟涂抹在自家灶门口，希望能够让灶神醉醺醺上天，因而忘记说自己坏话。喝酒往往误事，这是古往今来人们所共有的教训。所以佛陀便要求出家弟子不能饮酒，在早期翻译为汉文的《佛说出家缘经》中，特别指出“饮酒有三十五恶”，把喝酒的坏处总结为三十五条。但聪明的古人居然发现了酒在迷醉灶神这一方面的妙用，范成大《祭灶词》里便说：“送君醉饱登天门，杓长杓短勿复云，乞取利市归来分！”由此或许也能窥见中国人对酒的某种社会学态度。

方法之二则是嘴上抹糖。宋代以来的祭灶活动，必不可少的祭祀品就是蜜糖或者甜食，这显然是希望灶神能够多吃甜食，上天后“甜言蜜语”。南宋吴自牧《梦粱录》记录的贡品有能粘住牙齿的“胶牙饧”，范成大《吴郡志》说：“二十四日祀灶，用胶牙饧，谓胶其口，使不得言。”南宋末年周密《武林旧事》的记载里有“花米饧饵”“糖豆粥”，把这个叫作“口数”，就是为了讨好灶神。明冯应京《月令广义》说：“别具小糖饼奉灶君”，明刘侗、于奕正著《帝京景物略》说：“二十四日以糖剂饼、黍糕、枣栗、胡桃、炒豆祀灶君”，田汝成辑撰《西湖游览志余》说：“十二月二十四日，谓之交年，民间祀灶，以胶牙饧、糯米花、豆粉团为献。”这些甜点贡品，都是延续了这一传统。清代直到民国，这一法子依然得到保留，以至于鲁迅先生在1901年《庚子送灶即事》这首诗中有“只鸡胶牙糖，典衣供瓣香”的描述。

方法之三是贿赂交通工具。孟元老的《东京梦华录》说，这一天要“帖灶马于灶上”，灶马就是一种刻印有马的纸张，目的是为灶神送一匹可以上天的马，通过赞助交通工具的方式，希望换取灶神的美言。到了明代，人们连这匹马也开始贿赂，冯应京《月令广义》说这天“具黑豆寸草为秣马”，《帝京景物略》记载“以糟草秣灶君马”。在清代，人们依旧“乐此不疲”，清初潘荣陛《帝京岁时纪胜》记载人们在这一天“饲神马以香糟炒豆”，清末富察敦崇《燕京岁时记》说：“糖者所以祀神也，清水草豆者所以祀神马也。”

在清代，整个祭祀流程已经定型，顾禄撰《清嘉录》卷十二里的记载最为全面，“俗呼腊月二十四夜为念四夜，是夜送灶，谓之送灶界。比户以胶牙饧祀之，俗称糖元宝。又以米粉裹豆沙馅为饵，名曰谢灶团。祭时妇女不得预。先期，僧尼分贻檀越灶经，至是，填写姓氏，焚化禳灾。篝灯载灶马，穿竹箸作杠，为灶神之轿，舁神上天，焚送门外，火光如昼。拨灰中篝盘未烬者，还纳灶中，谓之接元宝。稻草寸断，和青豆，为神秣马，具撒屋顶，俗呼马料豆。以其余食之，眼亮”。

灶神信仰的积极影响，在于其鼓励人们多行善事，莫存恶念，因为一举一动，都有灶神监督，还会一年一度上报天庭，定功过、降福殃。这一信仰不仅在我国影响深远，也传入了周边汉文化圈国家，韩国、越南等地灶神信仰也一度是全民参与的重要信仰活动。随着时代发展，各国的灶神信仰都在逐渐式微。

古人春节吃喝玩乐简史

春节这个词出现在中国历史上是很晚的事。在民国以前，大年初一这个节日都叫作元旦或者元日，这个名称由来极古，在《尚书·舜典》中就已经出现了。一直到辛亥革命以后，我们开始采用公历，这才把元旦这个词让给了公历的一月一日，又将传统的元旦改为春节。第一个称为“春节”的大年是1914年开始过的，距今不过百年时间。

·吃吃喝喝过大年，古人大都喝酒吃辣

很长的一段时期，过年要吃五辛盘，喝屠苏酒，这种风气从先秦就开始，一直到现在一些地区都还有一些流风余韵。《庄子》就记载：“春日饮酒茹葱，以通五脏也”，南朝时期梁宗懔的《荆楚岁时记》记录更加详细，说元日这一天“长

清 丁观鹏《太平春市图》（局部）

幼悉正衣冠，以次拜贺。进椒柏酒，饮桃汤。进屠苏酒，胶牙饧。下五辛盘。进敷于散，服却鬼丸。各进一鸡子”。周处《风土记》记载：“元日造五辛盘”。那么什么是五辛盘呢？《风土记》的注说：“五辛所以发五脏之气，即大蒜、小蒜、韭菜、云苔、胡荽是也。”其实就是用薄饼卷上上述这五种生菜食用。因为是春节的节令食物，这个五辛盘也往往叫春盘。东汉崔寔的《四民月令》：“立春日食生菜，取迎新之意。”虽然习俗是这五种辛辣的食物，但也有人家会更换为其他菜蔬。《类腋·天部·正月》引唐代《四时宝镜》：“东晋李鄂，立春日命以芦菔、芹芽为春盘，相馈贶。”芦菔就是萝卜，春盘吃萝卜后来也得到弘扬，尤其明清以后，春盘会特别吃水红萝卜，还取了一个特别的名字，叫作“咬春”。清代潘

荣陛《帝京岁时纪胜》写道："新春日献辛盘。虽士庶之家，亦必割鸡豚，炊面饼，而杂以生菜、青韭菜、羊角葱，冲和合菜皮，兼生食水红萝卜，名曰咬春。"

喝酒当然也是这一天的重要内容，前面提到《庄子》里就说春日饮酒，《荆楚岁时记》里更详细记载了两种酒，一是椒柏酒，一是屠苏酒。《荆楚岁时记》引用董勋的话说："俗有岁首用椒酒。椒花芬香，故采花以贡樽。正月饮酒先小者，以小者得岁，先酒贺之。老者失岁，故后与酒。"屠苏酒似乎在后代更流行，宋代的时候屠苏酒依旧很流行，所以王安石非常有名的《元日》诗里就说："爆竹声中一岁除，春风送暖入屠苏。"这天喝酒，次序也很有讲究，要从年龄小者开始，老人最后喝。因为小孩子是得了一岁，而对老人来说，

清 丁观鹏《太平春市图》（局部）

这是生命里又逝去一年。所以宋代苏辙的《除日》诗里有一句："年年最后饮屠苏，不觉年来七十余。"他每年最后一个喝屠苏酒，就是因为他是全家年龄最大的那个。这句诗实际上也是在感慨他自己年华渐去。苏辙的哥哥苏轼就豪爽一些，他在《除夜野宿常州城外》诗中说："但把穷愁博长健，不辞最后饮屠苏。"意思就是只要身体健康，每年最后一个喝酒也没什么。

上面提到的是正月初一的饮食，在现代社会中已经不太流行了。我们更常见的是大年三十晚上全家团圆吃的"年夜饭"。古人很早有大年三十守岁的传统。西晋周处的《风物志》记载，除夕之夜，各相与赠送，称为"馈岁"；酒食相邀，称为"别岁"；长幼聚饮，祝颂完备，称为"分岁"；大家终

夜不眠，以待天明，称为“守岁”。这个时候年夜饭还谈不上丰盛，越往后代，年夜饭就越受重视。据清宫档案记载，乾隆四十九年，乾隆皇帝和家人们的除夕筵，单猪肉就用了六十五斤，菜品就有六十多种。

· 官员们大年初一不放假，民间流行逛街

自汉至清，正旦朝会一直是宫廷内部庆祝新春的重要典礼，而且礼仪规矩愈发烦琐与森严。在汉代的《汉官典职仪式选用》对朝贺仪式做了介绍，一是群臣觐见皇帝并进献贺礼，最后为皇帝齐呼万岁；二是在宫廷内赐酒摆筵，宴会在舞蹈与戏曲中进行；最后一步便是礼毕，群臣按规矩

依次退场。《东京梦华录》里详细记载了宋徽宗时期的元旦大朝会，参加者不仅包括宋朝的大臣，还有前来朝贺的各国使者，包括辽国、西夏国、高丽、南番交州、回纥、于阗、三佛齐（今苏门答腊岛一带）、南蛮五姓番（今云南一带）、真腊（今柬埔寨一带）、大理、大食（阿拉伯人所建立的伊斯兰帝国）。

民间自然欢乐更多，比如在北宋，正月初一叫年节，首都会特别开放三天“关扑”这种赌博游戏，大家早上起来会互相拜访祝贺。“压马路”逛街也是大家的首选，街头巷尾，都是各种食物点心、生活用品的摊子，还有搭起来的临时棚子，有卖帽子梳子的、卖珠玉首饰的、卖衣服的、卖装饰用的假花的、卖领巾抹额的、卖靴子鞋子的，还有卖各种小玩意儿的，其间也有专门表演歌舞的娱乐场所。行人来来往往，车水马龙。南宋时期，这天还会赏灯，跟元宵节一样。

· 古代拜年流行送“明信片”

逢年过节互相祝福是自古以来的传统，但要在过年的短短几天里，逐一当面祝贺所有亲友故交，也确实有着现实的困难。现代人一般都是用短信、微信之类群发拜年祝福，古人也有他们的应酬妙法，那就是群发“明信片”，用自己的

開韶慶佳
節合宅樂
團圓夫婦
同堂洽兒
孫繞膝妍
華燈燦樓
表吉爆響
階前瓊蕚
南枝報春
光宇宙延
御題姚文瀚歲朝歡
慶圖

清 姚文瀚《岁朝欢庆图》

名片代表祝福。《清波杂志》载："元祐年间，新年贺节，往往使用佣仆持名刺[1]代往。"这种名片也叫"飞帖"，以至于形成了"拜年不必进府门，送上名片抵见人。各处贺岁皆如此，赠予纸店大笔金"的状况。每家每户接受这些飞帖也很累，干脆在大门口做个过年专用信箱，大概就是用红纸做个袋子贴在门口，专门用来接受这些"拜年明信片"。这种风气一直持续到明清。明代才子文徵明《拜年》诗云："不求见面惟通谒，名纸朝来满敝庐。我亦随人投数纸，世情嫌简不嫌虚。"清代《燕台月令》则形容北京的过年期间"是月也，片子飞，空车走"。

· 历史悠久的爆竹

随着定点燃放和禁燃禁放政策的推行，大城市里的烟火爆竹越来越少见，环保过年，值得提倡。实际上爆竹在中国也经历了漫长的发展变化。在先秦时期，就有燃烧竹木用来辟邪的习俗。过年和爆竹联系在一起应该在春秋时期就出现了，但最早可靠的记载见于《荆楚岁时记》："鸡

① 名刺，又称"名帖"，古代人拜访别人时用的名片。

鸣而起，先于庭前爆竹，以辟山臊恶鬼。”大年初一这一天鸡鸣时分，家家户户都会早早起床，在庭前点燃爆竹，主要就是为了辟山臊恶鬼。什么是“山臊恶鬼”呢？据其所引用的汉代《神异经》所记载的传说，在西方大山中，有一种只有一个脚、身高尺余的怪物，人要是遇到它，就会寒热不调，容易生病，这个怪物就叫“山臊”。这种鬼最怕的就是竹子在火里燃烧时噼噼啪啪的声音。这种风俗在后来就成为过年的标志习俗。这一时期，因为火药没有发明，所以爆竹都是真的竹子。

在唐代的诗作里，就有不少关于爆竹的内容。比如元稹的《生春二十首》中，就有“何处生春早，春生稚戏中。乱骑残爆竹，争唾小旋风”的句子，再如张说《岳州守岁》，也描述了“桃枝堪辟恶，爆竹好惊眠”的跨年情形。要论关于爆竹最有名的诗句，莫过于北宋王安石的《元日》：“爆竹声中一岁除，春风送暖入屠苏。千门万户曈曈日，总把新桃换旧符。”在噼噼啪啪的爆竹声中，送走了旧年迎来了新年。人们饮美味的屠苏酒时，又有和暖的春风扑面而来，好不惬意！当然也有老诗人会在爆竹声中因为感慨岁月流逝而感伤，比如刘克庄的《岁除》中就写道：“儿童烧爆竹，妇女治椒花。独有龙钟叟，凄凉感岁华。”随着火药的发明，唐初的时候，人们把火药装到竹筒里，用引线点燃，“爆竹”

这个词才变得名副其实。到了宋代，开始用纸筒代替竹子，爆竹就和今天我们所见的鞭炮很接近了。在明清的时候，爆竹种类越来越多，清代的《帝京岁时纪胜》中记载的爆竹就有“双响震天雷”“升高三级浪”“霸王鞭”“竹节花”“泥筒花”“金盆捞月”“叠落金钱”等名目，还有在地上盘旋的“地老鼠”、在水中的“水老鼠”等特色炮仗。《红楼梦》里也提

清 张宏《岁朝图》

到“满天星”“九龙入云”“平地一声雷”“飞天十响”之类的炮仗名目。

在金庸先生的《神雕侠侣》中有一个非常有名的场景，杨过在郭襄十六岁生日的时候送上了三份礼物，其中第二件礼物是那晚襄阳城上空绚丽的烟花，在烟花爆炸之后，天空中出现一行字“恭祝郭二姑娘多福多寿”。并且以此为信号，焚烧了蒙古大军的粮草。很多读者纷纷感慨，这是郭襄一生中收到的最独特的礼物。在真实的历史中，宋代烟火也确实已经很先进了。唐代烟花已经出现，宋代就比较先进了，南宋《武林旧事》记载：“宫漏既深，始宣放烟花百余架。于是乐声四起，烛影纵横。”《武林旧事》还记载，正月初一这天，“午后，修内司排办晚筵于庆瑞殿，用烟火，进市食”。明清时候烟花水准就更高了，《红楼梦》里第五十四回，就有贾府在春节期间放烟火的记载，“贾蓉听了，忙出去带着小厮们就在院子内安下屏架，将烟火设吊齐备。这烟火俱系各处进贡之物，虽不甚大，却极精致，各色故事俱全，夹着各色的花炮”。

古代“高考满分作文”简史

每年高考期间，各省高考作文是最受关注的话题之一。语文考试甫一结束，作文题目曝光之后立刻上热搜，享有其他科目和其他题型所可望而不可即的待遇。据说这是因为历经生活摧残的中年人，早已忘却了中学所学的种种知识，只能对作文题目尚可以稍加点评之故。用考试来选取人才，在中国由来已久，以科举制度为代表。在这种重要考试中以文章作为遴选人才的主要题目，在古代也曾长期施行。事实上，古代也有“高考作文”，当时的作文题目如何，有哪些千古名篇曾是考场挥笔写就的“高考满分作文”？

·最早的高考满分作文出现在汉代，影响中国文化两千年

中国历史上最早类似今天高考作文形式的，是汉代的

古代的准考证“浮票”

策试。这是汉代贤良方正科或贤良文学科[1]的考察形式，实际上是皇帝主持下的一场考试，这种策试往往由皇帝直接出题，由各部门推荐的贤良进行书面回答，就是所谓的“著之于篇”，有点类似我们今天写在高考答题纸上，只是当时纸

[1] 贤良方正、贤良文学，是汉代一种举荐官吏后备人员的制度。在汉代，贤良方正常与文学相连称，有时以贤良与文学并立为二科，有时则连称为贤良文学。

张还没有发明，所以是写在竹简上的，所以也成为“简策”。这个答卷要“书之密之，重之闭之”，也是要进行高考一样的密封处理的。和今天的高考不一样的是，策试的阅卷者往往就是皇帝本人，他会从一百多位“考生”的答卷中，择优进行表彰，最优秀者往往可以直接升官。

汉文帝十五年（前165年）九月，汉文帝决定组织一次这样的考试，他下诏各诸侯、公卿、郡守举荐贤良，他还亲自出了考题。这是流传至今的最早的一道高考作文题，原题很长，有四百字左右，详细说明了考试的背景、题目和考试方法，我们摘录其中一部分：“今朕获执天子之正，以承宗庙之祀，朕既不德，又不敏，明弗能烛，而智不能治，此大夫之所著闻也。故诏有司、诸侯王、三公、九卿及主郡吏，各帅其志，以选贤良明于国家之大体，通于人事之终始，及能直言极谏者，各有人数，将以匡朕之不逮。二三大夫之行当此三道，朕甚嘉之，故登大夫于朝，亲谕朕志。大夫其上三道之要，及永惟朕之不德，吏之不平，政之不宣，民之不宁，四者之阙，悉陈其志，毋有所隐。上以荐先帝之宗庙，下以兴愚民之休利，著之于篇，朕亲览焉，观大夫所以佐朕，至与不至。书之，周之密之，重之闭之。兴自朕躬，大夫其正论，毋枉执事。”这段话的大意，是说自己治理国家，有很多不足，所以出了一个大的题目，希望有关部门、各诸侯、朝廷主要官员和各地方郡守，能够推荐贤良人才来答题。这个题目实际上就是“三道之要”和“四者之阙”。所谓的“三道之要”，是“国家大体”“人事始终”和“直言极谏”，所谓的“四者之阙”，就是“朕之不德、吏之不平、政之不宣、民之不宁”，我们可以理解这是一道材料题，答题者围绕两大主题给出自己的见解，属于议论文的范畴。这一年被推荐来答题的有一百余人，其中晁错同时得到了平阳侯、汝阴侯、颍阴侯、廷尉和陇西太守五位诸侯大臣的推荐，得以参加这场“高考作文”，他提交的简策全文被记录在《汉书·爰盎晁错传》

古代考生用的灯具

古代读书人用的双柄环雕花书箱

中，洋洋洒洒长达两千字，从“三道之要”和“四者之阙”等方面展开论述，并提出希望文帝能够事必躬亲，其结尾说：“陛下不自躬亲，而待不望清光之臣，臣窃恐神明之遗也。日损一日，岁亡一岁，日月益暮，盛德不及究于天下，以传万世，愚臣不自度量，窃为陛下惜之。”

在一百多篇策文中，晁错这篇最为优秀，《汉书》记载：“对策者百余人，唯错为高第，由是迁中大夫。”汉文帝和晁错的这次贤良文学试策，被认为是古代策士之制的开端。徐师曾《文体明辨》云：“夫策士之制，始于汉文、晁错所对，蔚为举首。自是而后，天子往往临轩策士，而有司亦以策举人，其策迄今用之。”在某种意义上，这也是中国历史上第一次“高考作文”，晁错的这篇策文，也是中国历史上第一篇“高考满分作文”，晁错因为这篇《举贤良对策》满分作文，得以升官做了“中大夫”。在接下来的十几年里，他将成为这段时期汉朝历史的中心人物，官至御史大夫，并因削藩而成为千古评说的名臣。

据《文献通考·选举门》的查考，西汉举贤良文学者有十七人，他们是：晁错、董仲舒、公孙弘、杜钦、严助、朱云、王吉、贡禹、魏相、盖宽饶、孔光、谷永、杜邺、何武、辕固、黄霸、朱邑等。东汉也有鲁丕等十三人。这些就是汉代的高考满分作文获得者，也是中国最早一批满分作文。其中董仲舒、公孙弘等人的策文，都在历史上有着重要的影响，尤其是董仲舒的《举贤良对策》，系统地提出了“天人感应”“大一统”学说，提出“罢黜百家、独尊儒术”的建议，被汉武帝采纳后，确定了儒家正统思想，深刻影响了之后两千年的中国文化。

·魏晋南北朝高考有五个小作文，试卷字迹不好罚喝墨水

晋代察举中有一个重要的变化就是秀才试策。从西晋开始，实行秀才对策的制度。《北堂书钞》卷七九引《晋令》载：“举秀才必五策皆通，拜为郎中，一策不通，不得选。”也就

是说，考试实际上由五个小作文组成，每个作文都需要写得好，才能拜为郎中，其中任何一篇写得不好，都会直接影响“录取结果”。

当时的试题，我们可以在正史中找到一些痕迹，比如《晋书·列传第二十二》中详细记录了晋武帝太康中（284年前后）华谭的秀才策。五个小作文的题目和回答都被详细记录了下来，其中第一个题目是“今四海一统，万里同风，天下有道，莫斯之盛。然北有未羁之虏，西有丑施之氐，故谋夫未得高枕，边人未获晏然，将何以长弭斯患，混清六合？”华谭的答案是三百字左右的安边之术。

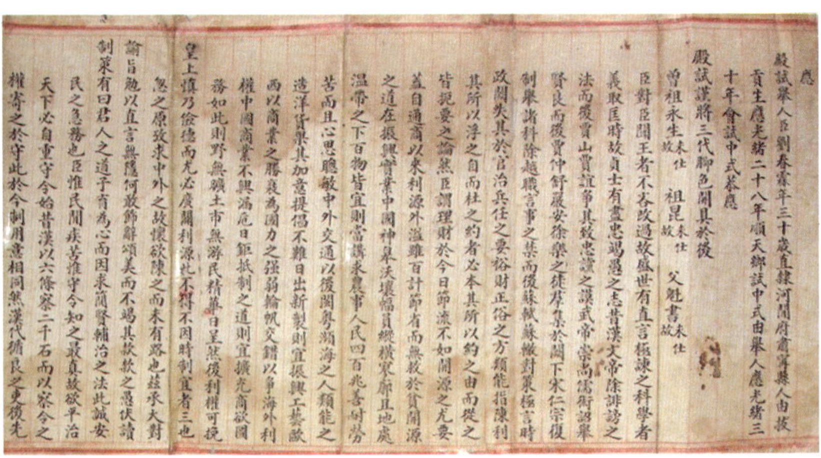
應
殿試舉人臣劉春霖年三十歲直隸河間府肅寧縣人由拔
貢生應光緒二十八年順天鄉試中式由舉人應光緒三
十年會試中式恭應
殿試謹將三代腳色開具於後
曾祖永生未仕故　祖昆未仕故　父魁書未仕故
臣對臣聞王者不吝改過故盛世有直言極諫之科學者
義取匡時故貞士有盡忠竭愚之志昔漢文帝除誹謗之
法而發賈山賈誼爭其致忠讜之謀武帝崇尚儒術詔舉
賢良而發董仲舒嚴安徐樂之徒萃集於闕下宋仁宗復
制舉諸科除越職言事之禁而後蘇軾蘇轍對策極言時
政闕失其於官治兵任之要裕財正俗之方頗能指陳利
其所以浮之自而杜之約者必本其所以約之由而從之
皆扼要之論然臣謂理財於今日節流不如開源之尤要
蓋自通商以來利源外溢雖百計節省而無救於貧開源
之道在振興實業中國神皋沃壤幅員縱橫寬廓且地處
溫帶之下百物皆宜則當講求農事人民四百兆善耐勞
苦而且心思聰敏中外交通以後閩粵瀕海之人頗能之
遠洋貿易其加意提倡不難日出新製則宜振興工藝啟
西以商業之勝衰為國力之強弱輪帆交錯以爭海外利
權中國商業不興漏卮日鉅抵制之道則宜擴充商欲圖
務如此則野無曠土市無游民精華日呈蒸發利權可挽
皇上慎乃儉德而尤必廣闢利源此不得不因時制宜者三也
急之原致求中外之故懷欲陳之而未有路也茲承大對
諭旨勉以直言無隱何敢飾辭頌美而不竭其款款之愚伏讀
制策有曰君人之道子育為心而因求簡賢輔治之法此誠安
民之急務也臣惟民間疾苦惟守令知之最真故欲平治
天下必自重守令始昔漢以六條察二千石而以察令之
權寄之於守此於今制用意相同然漢代循良之吏後先

清末代状元刘春霖殿试应对刻本

这种制度延续到南北朝。南朝时期，刘宋要求州秀才、郡孝廉都要参加试策，考试依然是五个小作文题目，规定要是五个作文都优秀的，是上第；三或四个优秀的，是中第；两个是下第；一个或者一个都没有写好的，就是不第。南北朝时期的小作文题目，更加精审简约，在《文选》第三十六卷，收录了永明九年（491年）、十一年（493年）王融的《策秀才文》，题目就比较简明直接，而在《北齐书·樊逊传》中记录的天保五年举秀才对策，题目更加简洁，只有几个字，分别是“问升中纪号”“问求才审官”“问释道两教”“问刑罚宽猛”“问祸福报应”。北朝的考试方式和南朝很接近，只是对秀才和孝廉的考察各有侧重，秀才重文采，考试更像是高考作文，孝廉更看重经学章句，考试更像是论述题。

值得一提的是当时的考试纪律，对考卷的文字整洁都有严格的要求。北齐试策，场规非常严格，考试不符合要求，会被当场发落，斯文扫地。《隋书》卷九《礼仪志》记载，北齐时策秀孝，“字有脱误者，呼起立席后；书有滥劣者，饮墨水一升；文理孟浪者，夺席、脱容刀”。要是作文里写漏写错字的，直接罚站，要是书法丑不忍睹的，直接罚喝一升墨水。不要说一升墨水了，就是一升矿泉水，直接喝下去也是够呛，可见当时对待考试的严肃态度。

· 科举时代满分作文第一人，遭遇史诗级变态题目

到了隋唐时期，科举考试的制度正式形成。在这一制度确立之初，就已经有对策这种形式了。科举考试确立后的第一个满分作文得主是杜正玄，他的考取之路堪称传奇。他去考方略策的时候，整个考场只有他一个人，原来他是那一年唯一的一个考生。试卷到了右仆射杨素的手里，杨素向来恃才傲物，说："就算是周公、孔子复生，也别想在我手里拿到秀才，你们居然举荐杜正玄这样的人。"说完就把作文试卷扔到地上，不屑一顾。但当年只有这一个考生，相关部门觉得杨素不看不是办法，于是又捡起来塞给杨素。杨素为了为难杜正玄，想到一个奇葩点子，重新出了几个作文题，要求杜正玄现场写。他说，古代有几篇文章还不错，司马相如《上林赋》、王褒《圣主得贤臣颂》、班固《燕然山铭》、张载《剑阁铭》，你就和他们同题各写一篇，然后我这边还有个宠物白鹦鹉，你再写个《白鹦鹉赋》。这堪称是中国考试史上最难的作文题目，司马相如等人的作品，是中国文学史上难以逾越的名篇，仿写难度何其之大，而且这些作品的题材，都是赋、颂、铭，对格律文辞要求很高，创作难度很大。这还不算，杨素还给出了时间限制，"我很忙的，可没时间一直等你写，影响我睡觉，今天下午三点前，就得交稿"。

万万没想到，杜正玄竟然能超常发挥，按时交了卷子。这让目空一切的杨素也大为震惊，他出题目的时候，可没想着有人能写出来。他反复阅读杜正玄的作品，大为钦佩，不由说道："真秀才也！吾不及也！"马上安排人走完了程序，杜正玄成为当时秀才科的"海内一人"。

杜家兄弟几人都是奇才，杜正玄的弟弟杜正藏考进士科时，主考苏威也给了几个千古名篇让他仿作，分别是《过秦论》《尚书·汤誓》《匠人箴》《连理树赋》《几赋》《弓铭》，杜正藏也跟他的哥哥一样按时交卷，而且卷面一气呵成，几乎没有修改的痕迹。这俩人的弟弟杜正伦也考中了秀才，在唐高宗时期官至宰相。整个隋唐时期仅有秀才十余人，而杜家却一门三秀才，备受时人称赞。后代有人评价说，要不是生活在一个朝代变革的时期，他们应该会和后来宋代的三苏一样文名卓著。

·苏东坡笔下写出古代最出名的高考满分作文

科举制度在宋代得以完善，策文的地位也有所提高。唐宋八大家中有六人生活在宋代，他们的文集中收录了不少策论这种"考试作文"，其中有一些篇章还流传很广，脍炙人口。当时科举中最重要的是进士科，考试的题型有诗、

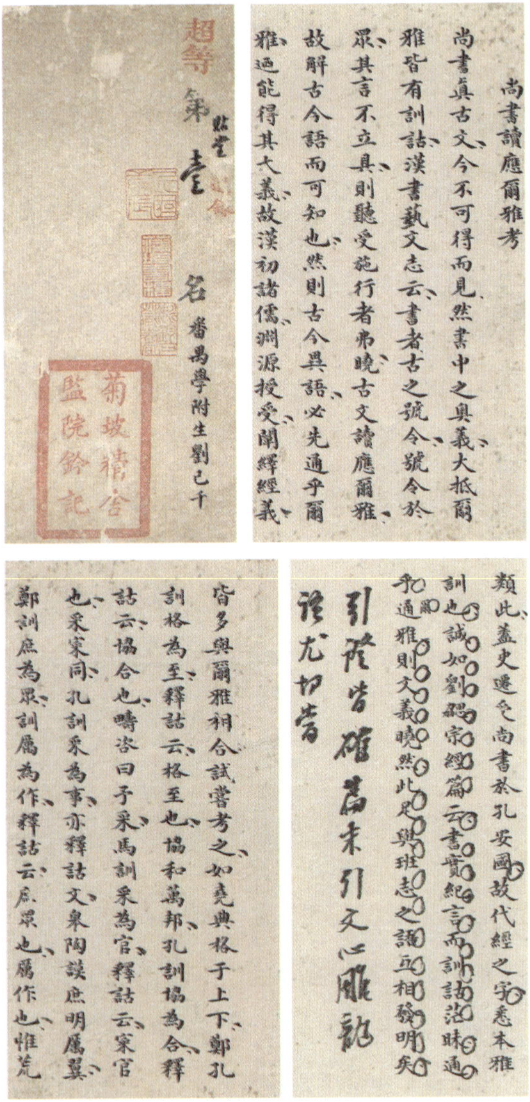
超等第壹名
貼堂
番禺學附生劉已千
菊坡精舍監院鈐記

尚書讀應爾雅考

尚書眞古文今不可得而見然書中之奧義大抵爾雅皆有訓詁漢書藝文志云書者古之號令號令於衆其言不立具則聽受施行者弗曉古文讀應爾雅故解古今語而可知也然則古今異語必先通乎爾雅廼能得其大義故漢初諸儒淵源授受闡繹經義皆多與爾雅相合試嘗考之如堯典格于上下鄭孔訓格爲至釋詁云格至也協和萬邦孔訓協爲合釋詁云協合也疇咨曰予采馬訓采爲官釋詁云寀官也采寀同孔訓采爲事亦釋詁文皐陶謨庶明厲翼鄭訓庶爲衆訓厲爲作釋詁云庶衆也厲作也惟荒

類此蓋史遷從尚書於孔安國故代經之字悉本雅訓也誠如劉勰宗經篇云書實紀言而詁訓茫昧通乎爾雅則文義曉然此足與班志之論互相發明矣

引證皆確而末引文心雕龍語尤切當

超等第一名刘已千考卷（局部）

赋、策、论、贴经、墨义等，其中贴经像是今天高考中的名句默写；墨义像是经典名句赏析解读；策和南北朝时期一样，一次出五道，以问答为主，像今天的小作文或者论述题；论最接近今天的高考作文，是一种命题作文；诗赋文学性也很强，其中赋也可以理解为高考作文。科举考试应该以诗赋为主还是以策论为主，在宋代一直争论不休，在北宋中叶，王安石等人就极力主张经术，而欧阳修、苏轼等人则更重视文学。科举考试的内容，实际上也是王安石变法的重要一项。

中国科举史上最有名的“高考作文”，当属苏轼二十一岁时，在宋仁宗嘉祐二年（1057年）应礼部试而写的文章《刑赏忠厚之至论》。这年的考试题目本身其实是比较枯燥的，但苏轼才华横溢，娓娓道来，让读者完全不能相信这是一个考场作文。主考官欧阳修看到这篇六百多字的作文时极为兴奋，觉得此文脱尽五代宋初以来的浮靡艰涩之风，说“读轼书不觉汗出，快哉！老夫当避此人，放出一头地”，这就是“出人头地”这个成语的由来。

据说因为这篇高考作文实在太过于优秀，考官梅圣俞看过之后觉得有“孟子之风”，马上拿给主考官欧阳修看，欧阳修觉得如此优秀的文章，天下只有他的弟子曾巩才能写得出来，为了避嫌，特意没有把作者列为第一，而是故意放在了第二。

这篇“满分作文”里还有一个经常被人说起的趣事。在文中，苏轼写道：“当尧之时，皋陶为士。将杀人，皋陶曰：‘杀之’，三。尧曰：‘宥之’，三。”主考官欧阳修博览群书，但从未见过这个典故，曾就此事出处专门询问苏轼，苏轼答云：“想当然耳，何须出处。”原来这个典故是他自己编出来的，可见苏轼的洒脱。我们如果真要查考，这个典故其实在历史上是有的，出于《礼记·文王世子》，是周公的故事，只是苏轼误写成了尧而已。

到了明清时期，科举考试更加鼎盛，完全定型化和格式化，重点应试八股文，也会有试策这个环节。这时候的八股文和策文，虽然要求要“纯雅通畅”，但实际上全以四书五经为内容，以程朱理学为根据，思想限制较多，与今天的高考作文反而相去甚远。

回顾古代的“高考满分作文”简史，实际上能够感受到中国古代政治制度的改革和文化思潮的演变，如果把历代重要的策论按时间先后集合成一编，或许也是一个很有趣的文史读物。

古代报纸简史

我们可以想象在文字发明之前，人们已经开始歌唱。不少学者觉得这些歌声，其实就是文学的起源。《淮南子·应道训》说："今夫举大木者，前呼'邪许'，后亦应之，此举重劝力之歌也。"在上古时期，扛着大木头的劳动者，前面喊唱"邪许"，后面的人跟着响应，这就是一种激发力量的歌曲。实际上，早在周代，传说子夏所作的《毛诗大序》，就已经提出，人类有语言就有诗歌，诗歌最早总是和音乐舞蹈相伴随，这在《礼记》中也能找到相关的记载。

对于传媒来说，周朝直到秦汉时期，歌谣以及政府对于歌谣的征集，无疑是一种值得关注的形式。如果按照学者们对于传媒富有争议的各种定义来看，将其视为最早的传媒形态也未尝不可。在林语堂先生20世纪30年代出版的英文著作《中国新闻舆论史》里，他甚至认为古代的采诗，完全可以看作是报纸的先导。

这种“王官采诗”制度的产物之一就是《诗经》。根据《汉书·食货志》，周朝设有专门的采诗官，采集民歌，整理后给天子看，以体察民俗风情、政治得失。《诗经》中大部分诗歌都出于此。事实上，类似的行为商朝可能就已经出现了。根据《尚书》的记载，这种官员叫作“遒人”。《书·胤征》：“每岁孟春，遒人以木铎徇于路。”而《左传》则引用《夏书》说：“遒人以木铎徇于路”，汉代人的注解说：“遒人，行人之官也……徇於路，求歌谣之言。”每年的春天，遒人摇着一个类似铃铛的乐器，到民间走街串巷传达政务新闻，同时也顺便采采民风，追寻“歌谣”。

要论类似今天的报纸，虽然有一些西方学者认为罗马帝国恺撒大帝在公元前59年所创建的《每日纪闻》是世界上最早的报纸，但早在此一百多年，中国的西汉时期就已经有邸报制度，堪称报纸的起源。《西汉会要》：“大鸿胪属官有郡邸长丞。”注云：“主诸郡之邸在京师者也。按郡国皆有邸。所以通奏报，待朝宿也。”这里说的通奏报，就是传达君臣间消息，这就是“邸报”的源头。所谓的邸，其实就是郡县等地方政府或藩镇，在首都所设的“驻京办”，他们把皇帝谕旨、臣僚奏议和有关政治情报抄写传输，就是邸报，可以看作是一种官办的报纸。汉朝的邸报制度，史书没有详细记载，唐以后的邸报则史书不绝。

· 进奏院报：中国现存最早的报纸

中国的学者普遍认为唐代的《开元杂报》是中国历史上有记载的最早的官方报纸。方汉奇先生主编的《中国新闻事业编年史》，第一条就是713—741年间的《开元杂报》。这份和杨贵妃同时期的报纸长什么样子呢？

大概在851年，晚唐学者孙樵见到了一批开元年间的报纸，大概有数十幅，这对他来说也是一百多年前的古董了，所以觉得很新奇的他，就写了一篇文章把他看这批报纸的前因后果记录了下来，根据他的描述，我们知道这种报纸是“按日条事，不立首末”的，其内容大都是国家大事，“略曰：某日皇帝亲耕藉田，行九推礼；某日百僚行大射礼于安福楼南；某日安北奏诸蕃君长请扈从封禅；某日皇帝自东封还。赏赐有差；某日宣政门宰相与百僚廷争一刻罢。如此，凡数十百条”。这有点像我们今天报纸上的短篇要闻。

这种报纸不仅有手抄件，还有雕版印刷而成的，这就更符合大众传媒的特征了。根据孙毓秀《中国雕版源流考》所发现的资料，“近有江陵杨氏藏有开元杂报七页，云是唐人雕本，页十三行，每行十字，字大如钱，有边线界栏，而无中缝，犹唐人写本款式，作蝴蝶装。墨影漫漶，不甚可辨”。这些报纸一直保存到了民国，而为孙毓秀所知所见，但其下落已经不明了。

我们目前能看到最早的唐代报纸实物，是876年，也就是唐僖宗乾符三年，归义军节度使张淮深派驻首都长安的一位姓南宫的进奏官，给他发回的一份进奏院状，主要介绍了当年新年前后的一些大事。这份报纸是在敦煌藏经洞发现的，目前收藏在法国巴黎国立图书馆。另外英国伦敦大不列颠图书馆还收藏有一份稍微晚几年的报纸，是887年，也就是唐僖宗光启三年的进奏院报。目前唐代的报纸实物，我们发现的就只有这两份，统称为“敦煌进奏院状”。

唐朝中期，藩镇纷纷在京设邸，称为上都留后院或上都邸务留后院。唐代宗大历十二年（777年）后，又改称上都进奏院，简称进奏院。进奏院的负责人最初叫上都邸务留后使，后改名上都知进奏院官，简称进奏官。进奏院与进奏官都由地方在首都自行设立和任命，不归朝廷管辖。进奏院官们有一个重要的任务就是传递朝廷政治信息，他们按日期连续地整理朝廷新闻，抄写后传送到各地，这种报纸就叫进奏院状报、进奏院状、邸吏状或报状，进奏官就类似今天的“编辑记者”，根据《两京城坊考》，在崇仁坊，有东都、河南、商汝等二十余地设置的进奏院。

·宋代的邸报，发布前需要政府审核

邸报的名字虽然唐代就有了，但从宋代起，邸报这个词才开始被广泛使用。《宋会要》记载：“国朝置进奏院于京师，而诸路州郡亦各有进奏吏，凡朝廷已行之命令，已定之差除，皆以达于四方，谓之邸报。”邸报又称邸抄、朝报、报状或除目，由诸路州郡派驻首都的进奏官负责传发。和唐代藩镇割据时候进奏院报不经过朝廷管理不一样，宋代的邸报，发报前由门下省给事中负责审核，称“判报”，审核通过后才能向地方分发。当时对邸报传发的审查是比较严格的，宋真宗咸平二年（999年）规定了由枢密院事先审查样报，通过“定本”，然后方准传发的“定本”制度。报纸发行，已然成为一种国家制度。

《宋史·刘奉世传》记载：“熙宁三年（1070年），初置枢密院。诸房检详文字，以太子中允居吏房。先是进奏院每五日具定本报伏上枢密院，然后传之四方。而邸吏辄先期报

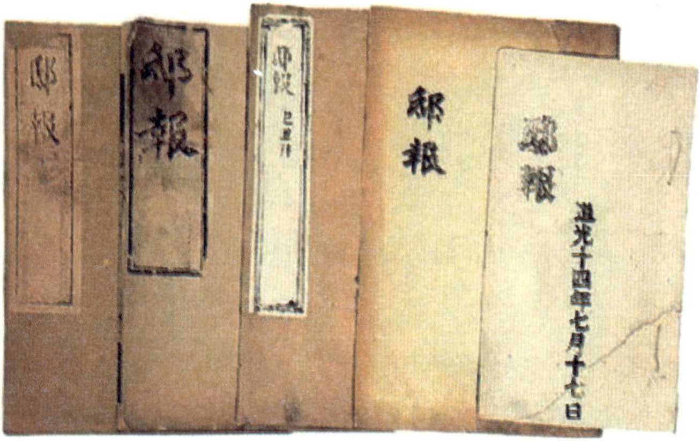

中国古代官方报纸“邸报”

下，或矫为家书以入邮置。奉世乞革定本，去实封，但以通函誊报，从之。”可见当时的邸报是每五天出一期，先由枢密院审核，再发行四方。

邸报内容主要是皇帝的诏书、起居言行、政府的法令公报、各级臣僚的章奏疏表、省寺监司等机构的工作报告和边防驻军的战报等，也包括一些社会新闻、自然灾害信息之类。但内容相对简略，不会抄录这些奏章文字的全文。

邸报的正本只发至各级政府部门的长官，长官以外的官僚和士绅所看到的往往只是它的抄件。宋代的邸报大部分是抄写的，只有一小部分稿件以“镂版”的方式，使用雕版印刷技术印发。宋人的诗作里有不少是写读完邸报之后的感想，比如苏东坡《小饮公瑾舟中》中就有“坐观邸报谈迂叟，闲说滁山忆醉翁。此去澄江三万顷，只应明月照还空”的句子。再比如王安石有《读镇南邸报》一首，杨万里有读邸报后的感事诗七律一首，张自明有《观邸报》七绝一首，都写于看邸报之后，抒发了诗人们对宦海沉浮和当时世事的感慨。

·小报满天飞的宋代，出现第一篇传媒论文

我们经常用“小报消息”来形容未经证实的新闻信息，其特点往往是捕风捉影、真真假假。清代大学士明珠的儿子揆叙，有感于当时小报横行，曾经上奏折说：“近闻外省塘报，故摭拾大小事件，名曰‘小报’，骇人耳目。请饬严禁，庶好事不端之人，知所儆惧。”这位严厉打击小报的揆叙，死后谥文端，这是挺好的谥号，但到了雍正二年，死了好几年的他被削谥，墓碑改镌“不忠不孝阴险柔佞揆叙之墓”。

小报的风行并非清代才有，实际上早在宋代，小报就成为传播新闻的重要形式了。宋代学者赵昇在《朝野类要》中记载当时的报纸有边报，有朝报，还有小报，其中“朝

报日生事宜也，每日门下后省编定，请给事判报，方行下都进奏院报行天下。其有所谓内探、省探、衙探之类，皆衷私小报，率有漏泄之禁，故隐而号之曰新闻”。大家对新闻有急切的需求，催生了小报和“新闻”这个词的诞生。这种小报历经封禁，始终不曾断绝，明清文献中都有提及，清王士禛在他的学术笔记《池北偶谈》中提到当时的小报也叫小贴。

因为小报影响力惊人，北宋南宋都一直在加强对它的管制。在《宋会要辑稿》可以看到宋仁宗时期经常有当局查封小报的记录，比如宋仁宗天圣九年（1031年），就有规定鼓励大家举报私自发行小报者，“听人告捉，勘罪决停，告者量与酬赏”，如果举报被查明属实，会有一定的奖励。南宋孝宗淳熙十五年（1188年）时规定“近闻不逞之徒撰造无根之语，名曰小报，转播中外，骇惑听闻。今后除进奏院合行关报已施行事外，如有似此之人，当重决配。其所受小报官吏，取旨施行。令临安府常切觉察，御史台弹劾”。我们根据《宋会要辑稿》做一个简单的统计，对于举报者的奖励，宋哲宗时一度赏缗钱十万，宋徽宗时一百贯到一千贯，南宋高宗时则为两百千，宋孝宗时则为三百贯。

宋高宗绍兴十五年（1145年）的进士周麟之，言辞雅

十一 鄒孟軻母
鄒孟軻之母也號孟母其舍近墓孟子之少也嬉遊爲墓間之事踊躍築埋孟母曰此非吾所以居處子乃去舍市傍其嬉戲爲賈人衒賣之事孟母又曰此非吾所以居處子也復徙舍學宮之旁其嬉遊乃設俎豆揖讓進退孟母曰真可以居吾子矣遂居及孟子長學六藝卒成大儒之名君子謂孟母善以漸化詩云彼姝者子何以予之此之謂也孟子之少也既學而歸孟母方績問曰學所至矣孟子曰自若也孟母以刀斷其織孟子懼而問其故孟母曰子之廢學若吾斷斯織也夫君子學以立名問則廣知是以居則安寧動則遠害今而廢之是不免於廝役而無以離於禍患也何以異於織績而食中道廢而不爲寧能衣其夫子而長不乏糧食哉女則廢其所食男則墮於脩德不爲竊盜則爲虜役矣孟子懼旦夕勤學不息師事子思遂成天下之名儒君子謂孟母知爲人母之道矣詩云彼姝者子何以告之此之謂也

中国古代民间报纸“宋代小报”

驯，曾经出使金国，金主非常欣赏他，请他吃牛头肉，他偷偷把牛头密封了带回杭州，献给皇帝，当时大家都叫他“牛头公”。周麟之写过一篇文章叫《论禁小报》，可能是中国第一篇传媒论文，这篇文章先阐述了小报风行的情况及其内容的特色：“小报者，出于进奏院，盖邸吏辈为之也。比年事有疑似，中外未知，邸吏必竞以小纸书之，飞报远近，谓之小报。如曰：今日某人被召，某人罢去，某人迁除，往往以虚为实，以无为有。朝士闻之，则曰：‘已有小报矣！’州郡都间得之，则曰：‘小报已到矣！’他日验之，其说或然或不然。”又进一步分析了小报的危害和处理意见，认为“不可不察”，提出有关部门要“严立罪赏，痛行禁止”的结论。

虽然政府多次整顿，但小报始终发挥着影响力。朱熹在给朋友的一封信中，就曾说道：“适见小报，元善已得浙西提举。”这个元善就是他的学生詹体仁，是南宋时期著名的理学家和政治家，是朱熹重要的学生，朱熹的名著《资治通鉴纲目》一书有部分即出自詹体仁之手。朱熹、吕祖谦由寒泉精舍赴江西鹅湖之会，詹体仁也是随从之一。这么亲近的学生，其官职变化，朱熹是从小报中先得到的消息，可见当时小报信息的时效性之“快”。

· 宋代开始有民间报纸，还有专门的“卖报亭”

不管是唐代的进奏院状还是宋代的邸报，都是官方报纸，而中国民办报纸最早出现于北宋，盛行于南宋，是由部分进奏官和书肆主人私自发行，其实是一种非法出版物，南宋时，这种民间报纸被统称为“小报”，有时也称之为“新闻”。这两个词的意思都和今天没有什么太大的区别。

据新闻史学者研究，小报的材料来源于在宫廷内部和省、寺、监、司等政府机关通报新闻的“内探”“省探”和“衙探”，这是当时的小报记者。其内容主要是政府没有公开的“朝廷机事”、官报不准备发表或尚未发表的皇帝诏旨、大臣表疏和官吏任免事项。

虽然史料上没有留下当时购买小报的价格，但当时已经有专门销售报纸的行当，甚至有类似报刊亭的铺面了。南宋《武林旧事》卷六的“小经纪　他处所无者”这一条记录了不少当时杭州的新兴行业，其中有很多宠物行当，比如“猫窝”这个行当，是专门卖猫窝的，“猫鱼”这个行当是专门卖猫粮的，“卖猫儿”这个行当是做宠物猫交易的，“改猫犬”则是给宠物猫狗做美容的。这个记录还提到专门卖报纸的行当叫“供朝报”，就是出售朝报。他们销售的报纸，名义上是朝报，但实际上往往是私自发行或抄录的小报。应该说民营商业媒体，在这个时候已经出现了。南宋学者黄榦给朋友的信中说：“榦昨日得相识录示小报，知已被予祠之命，乃十二月十七日防挥，今日邸吏发报状尤分明。”传抄的小报中的消息比官方的邸报要来得快。

根据《靖康要录》记载，南宋时，小报上还常载有北方军民抗击金兵的消息和主战派官员反对议和的奏疏。当时有人在大街上专门售卖这种报纸，类似后代的报童。甚至在南宋的都城临安，还有专门卖报纸的店铺，正类似于今天的“卖报亭”，不过今天报亭里报纸种类繁多，当时则品种单一。

·明代邸报上的“假新闻”

宋代之后，邸报一直延续到清代。元代设通政院，明、清两代设通政司和提塘官，专门负责官文报[1]的收递工作。凡皇帝和内阁同意发布的文件和朝政消息，都由他们向地方传报。除通称邸报外，还有邸钞、阁钞、朝报、京报等别称。当时的官报仍以抄写为主，崇祯十一年（1638年）以后，才普遍采用活字版印刷。邸报大部分是手抄，就很容易出错，也会有别有用心之人造假，最典型的一件，就是明代胡宗宪在邸报上捏造“苏某奉旨前往浙江与按抚官会议军情”的信息。

汪珊的《近事丛》曾详细记载此事的经过。苏州人苏麻子游嘉兴时，住在朋友项公子家。项公子和胡宗宪关系很好，

① 文报，指公文函件。

向他推荐苏麻子。胡宗宪就说，听我的计策，我有用他的办法。于是，就令人在朝报上捏造了一条新闻，说皇上“差锦衣卫百户苏某前往浙江与该按抚官会议军情，听令便宜行事等因”。然后以钦差马上要来为由，派人大修衙门，并安排船只仪仗，到苏、常间等候。等苏麻子伪装成钦差一到，迎来之后，安置华美衙舍，举行隆重酒会，地方官员都亲往参拜，声势极为浩大。胡宗宪公然在邸报上刊登假消息，制造一个号称为“锦衣卫百户”的假钦差的事儿来。

·明清《京报》：有专门的报社，印有报头的报纸

明代中叶以后，政府默许民间自设报房，公开出售报纸。这种报房类似今天的报社，大多设在北京，所发行的报纸通称《京报》，开始印有报头。这种报纸的核心追求就是牟利，所以报房出版的报纸，可以公开叫卖和接受订户，而且以订阅为主，读者所付报纸费是它的主要收入来源。读者主要是官吏、士绅和商人。京报刊登的主要内容有三类：皇帝的谕旨、大臣的奏折和宫门钞。其中，宫门钞就是朝廷内部传来的，张贴于宫门外的新闻。清王朝入关后，所发行的《京报》，用土纸和胶泥活字或木活字印刷，因多用黄纸封面，有红色

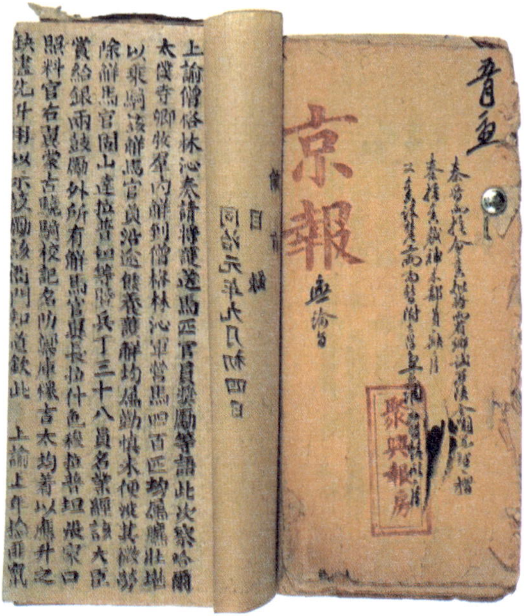

《京报》

套印的“京报”二字作报头，通称黄皮京报。其内容也是记录皇帝起居和大臣陛见情况的宫门钞和常程文书为主。

根据新闻史学者考察，清代有翻印邸报的不同名称的专门的报房（相当于今天的报社），如公慎堂、荣禄堂、聚升、聚恒、同顺、同文、洪兴、公兴、永兴等。但各报房之间的竞争压力并不大，因为各个报房出版的《京报》内容大同小异。如光绪二十年（1894年）二月十七日，聚恒报房与聚升报房所出《京报》，内容一字不差。

印制的报纸之外，还有人抄写报纸发售盈利的，并成为一种职业。明神宗万历十年（1582年），户部尚书张学颜写过一个提奏，提到当时的北京有一种职业就叫“抄报行”，是当时北京一百三十二行业之一。明清之际的学者姚廷遴在他的日记《历年记》中曾经记录了一个很有意味的细节：“忽报沈伯雄来，觉怆惶之状，手持小报云：四月二十五日，闯贼攻破京师，崇祯帝自缢煤山等语。叔祖闻之大惊，大伯、二伯俱失色无措，遂收拾杯盘，斟酌避难。不一日有大报到，民间哗闻。”李闯王攻破北京，崇祯皇帝自尽的消息，最早就是通过小报传到士人手中的。明朝末年，北京报业已经非常兴盛，甚至出现专门送报纸的行当。祁彪佳在他崇祯五年的日记中，提到他的外甥何光烨，就专门在北京以送报纸为业，这可能是中国历史上最早留下姓名的送报员。

· 古代小说名著中的报纸

宋代以来，读报纸成为官员们和士大夫日常生活中重要的内容，尤其是南宋以后，在民间也开始有了阅读报纸的风潮。在古代小说中，报纸往往是推动情节的重要道具。

例如《金瓶梅词话》第十七回，就提到西门庆读到的一份报纸。这一回写到西门庆到李瓶儿家缠绵，在饮酒调笑之时，忽然听到外面有人打的大门乱响，有人告诉他东京事变。西门庆急忙赶回家中，女儿女婿已经连夜来家，通过亲家的书信，他已经知道了祸事的大概，但还是不知端详。因此他马上叫来吴主管，给他五两银子，让他连夜去县中承行房，“抄录一份东京行下来的文书邸报来看”。这份邸报写的是什么呢？书中列了一部分文字，是宇文虚中弹劾蔡京等人的文字：“兵科给事中宇文虚中等一本，恳乞宸断，亟诛误国权奸，以振本兵，以消虏患事……”

再比如《红楼梦》，第九十九回的回目就叫作《守官箴恶奴同破例　阅邸报老舅自担惊》，里面写道：一日，在公馆闲坐，见桌上堆着许多邸报。贾政一一看去，见刑部一本：“为报明事，会看得金陵籍行商薛蟠……”贾政便吃惊道：“了不得，已经提本了！”随用心看下去，是“薛蟠殴伤张三身死，串嘱尸证，捏供误杀一案”。贾政一拍桌道：“完了！”

这份邸报里详细描述了薛蟠事件：据京营节度使咨称：“缘薛蟠籍隶金陵，行过太平县，在李家店歇宿，与店内当槽[1]之张三素不相认。于某年某月某日，薛蟠令店主备酒邀请

① 当槽，旧称酒店、饭馆中的伙计。

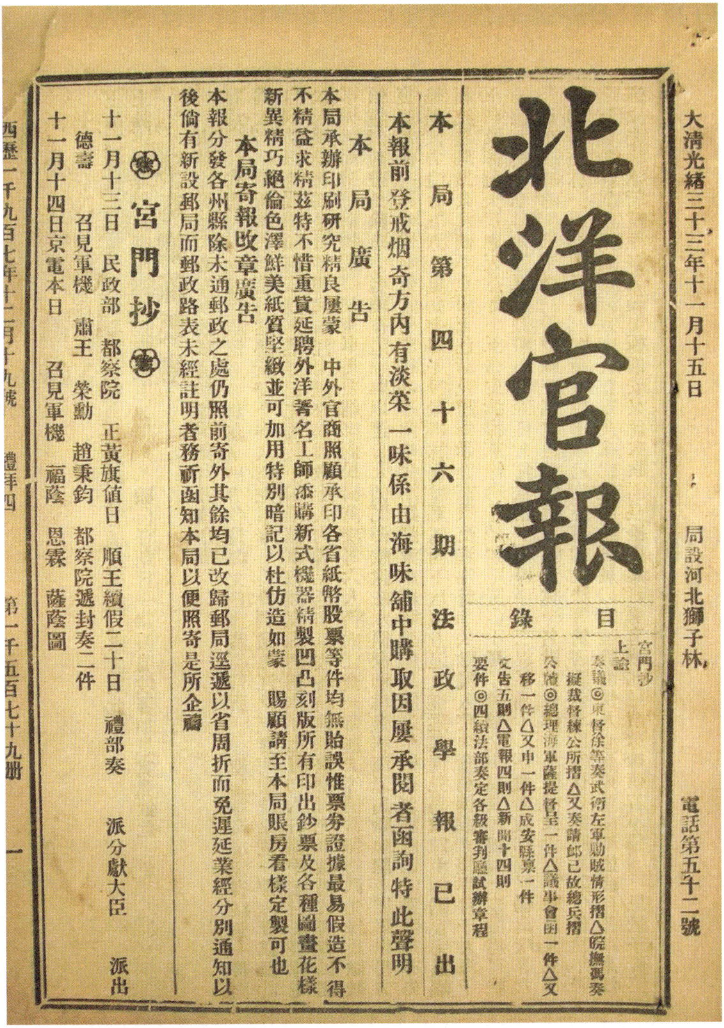
大清光緒三十三年十一月十五日

局設河北獅子林

電話第五十二號

北洋官報

目錄

宮門抄

上諭

奏議◎東督徐等奏武衛左軍勦賊情形摺△皖撫馮奏擬裁督練公所摺△又奏請郎已故總兵摺

公牘◎總理海軍薩提督呈一件△議事會函一件△又移一件△又申一件△成安縣禀一件

文告五則△電報四則△新聞十四則

要件◎四續法部奏定各級審判廳試辦章程

本局第四十六期法政學報已出

本報前登戒烟奇方內有淡菜一味係由海味舖中購取因屢承閱者函詢特此聲明

本局廣告

本局承辦印刷研究精良屢蒙　中外官商照顧承印各省紙幣股票等件均無貽誤惟票劵證據最易假造不得不精益求精茲特不惜重貲延聘外洋著名工師添購新式機器精製凹凸刻版所有印出鈔票及各種圖畫花樣新異精巧絕倫色澤鮮美紙質堅緻並可加用特別暗記以杜仿造如蒙　賜顧請至本局賬房看樣定製可也

本局寄報改章廣告

本報分發各州縣除未通郵政之處仍照前寄外其餘均已改歸郵局遞遞以省周折而免遲延業經分別通知以後倘有新設郵局而郵政路表未經註明者務祈函知本局以便照寄是所企禱

宮門抄

十一月十三日　民政部　都察院　正黃旗值日　順王續假二十日　禮部奏　派分獻大臣　派出德壽　召見軍機　肅王　榮勳　趙秉鈞　都察院遞封奏二件

十一月十四日京電本日　召見軍機　福蔭　恩霖　薩蔭圖

西歷一千九百七年十二月十九號　禮拜四　第一千五百七十九册　一

《北洋官报》

太平县民吴良同饮，令当槽张三取酒。因酒不甘，薛蟠令换好酒。张三因称酒已沽定，难换。薛蟠因伊倔强，将酒照脸泼去，不期去势甚猛，恰值张三低头拾箸，一时失手，将酒碗掷在张三囟门，皮破血出，逾时殒命……”虽然小说中的邸报文字都是虚构，但也可以看到当时邸报中的主要内容风格。

·近代报刊，最早由外国人创办

中国近代报刊首先是由外国人办起来的。英国伦敦布道会传教士马礼逊1815年在马六甲创办的《察世俗每月统记传》，是外国人创办的第一个中文近代报刊。这个报纸是为传教服务的，因而内容以阐发基督教教义为主。而德籍传教士郭士立于1833年在广州创办的《东西洋考每月统记传》，则是在中国境内的第一家近代中文报刊。葡萄牙人安东尼奥在澳门创刊的葡文《蜜蜂华报》（1822年）是我国第一家外文报纸。

中国人自己办的近代报刊，在国内始于19世纪70年代。这些报刊中，具有代表性的有艾小梅办的汉口《昭文新报》、王韬主编的香港《循环日报》、容闳等创办的上海《汇报》、上海官商合办的《新报》以及广州的《述报》《广报》等。

这些报纸的版式和体例，都仿效外国报纸，但在内容上更重视政论的作用，比如王韬主编的《循环日报》，每天都有宣传变法自强的评论，开创了中国报刊的政论传统。

古代快递简史

据说“网购”已经被列入中国当下“新四大发明”。很多人生活中最愉快的瞬间，就是从快递员手里接过期待已久的网购成果，愉快地拆开快递。在古代，人们如何寄送快递？这其实是一个涉及交通史、传播史的重要学术问题。在大部分时候，政府官方快递和百姓私人快递有很大区别，学者们对官方驿传已经有不少研究，但对古人私人物品的远途寄送还有很多细节没有弄清楚。

· 商周时期道路畅通，“快递”主要服务军事

快递出现的前提是畅通的道路。中国的快递事业起源很早，据说三皇五帝时代已经有了雏形，这个真实性可能需要进一步的研究，但在甲骨文里，确实已经有了驿传系

统相关的记叙，地方发生的新闻事件，定期会通过这个系统报告到殷王那里。周朝时期，道路更加宽阔，通达全国的交通网络初步形成，这为快递事业提供了良好的条件。古代有本非常著名的书叫《穆天子传》，是西晋的时候从古墓里挖出来的，有人说是西周人写的，也有人说是战国人写的，反正很可能是周朝的文字。这个书讲的就是周穆王姬满游历天下之事，尤其是前面几卷，讲他驾八骏西巡天下，用了五年时间，行程三万五千里，会见西王母。司马迁的《史记》里还记载，周穆王在拜会西王母的时候，收到有人叛乱的消息，他乘着千里马赶回中原平叛，后世说

《驿使图》壁画砖是我国已发现最早的古代邮驿形象

“一日千里”，这是非常的交通速度。

当时的交通主干道，叫“周行”或者“周道”，在《诗经》里，这两个词经常会出现。《周礼》里记载的官职中有个“野庐氏”，大概类似今天的“交通部部长”，专门管理交通设施的建设和维护，他的工作职责之一，就是要在主要道路的两侧种上树，隔一段距离还要挖口井，建设叫“宿息”的供“快递员”休息的场所。根据《国语》的记载，当时的道路“十里有井，二十里有舍”，隔十里路就有一口井，每二十里就有一个供“快递员”休息的“舍”。《周礼·地官》中的记载稍微有点不同，说：“凡国野之道，十里有庐，庐有饮食；三十里有宿，宿有路室，路室有委。”传说孔子做过委吏，管的很可能就是这种路边给“快递员”供给物品的小仓库。不管怎么说，当时的道路质量已经很高了。

春秋时期，各大诸侯国都有类似驿站的机构，齐国、郑国叫“遽”，晋国、楚国叫“驲”，也有些国家叫“传”，这些运输机构主要为军事服务。到了战国时期，交通物流水平就更高了，甚至出现了私人邮递系统。《史记》里记载，战国四公子之一的魏国信陵君有自己的传报系统，收到信息比魏王还快。他后来被魏王猜忌，这就是很重要的一个原因。

整个商周时期，普通百姓都无法使用上面提到的这些传送系统，他们之间的信件，都靠人肉代送，托付给正好去远方的行人。

· 秦汉能快递荔枝、龙眼，最高时速每小时四十五公里

秦汉时期的道路叫“驰道”，宽五十步，接近七十米，这比今天的很多城市的主干道还要宽很多。当时最快的行驶速度有多快呢？汉昭帝刘弗陵去世后，大将军霍光征召昌邑王刘贺（也就是有名的海昏侯）来主持丧礼，他接到消息后午时从昌邑出发，一路狂奔，累死了几匹马，晡时就到达了定陶，大概三个小时左右的时间走了一百三十五里路，每小时大概在四十五公里左右。这差不多是马匹能达到的极限，从商周到清代，运输工具都是马匹，所以快递的速度其实并没有本质的提高。

随着道路的完善，当时的驿传系统也逐步发展起来，形成了“传、邮、驿”体系。传，就是用车送达；邮，就是步行送达；驿，就是用马送达。特快的传送，则叫“驰传”。这些系统中的快递员中途休息、吃饭、喂马、换马的地方，叫“传舍”“馆舍”“邮亭”等，有点类似今天的高速公路休息站，可以加油、用餐之类的。汉高祖刘邦早年就是一个邮亭的亭长。

秦汉时期的驿传系统也是为军事和政治服务，但快递的

物品不仅仅是政府文件和军中情报。汉高祖刘邦专门给戚夫人运送家乡的大米，后来南方省份还“快递”荔枝、龙眼等生鲜水果，“驿马昼夜传送之”，很多快递员死在路上，所以“一骑红尘妃子笑”的事儿，早在汉代就有了。

·中国现存最早的家书和当时的“快递”

我们再来看看秦汉民间的“快递”。1975年在云梦睡虎地秦墓中，发现了两封写在木牍上的两千两百多年前的家书，这是中国目前能见到的最早的私人书信原件。写信的是秦军士兵黑夫、惊，这是兄弟俩，收信人是他们的哥哥衷。衷死后，把这两封信带进了自己的墓里。黑夫的信里有一段说：“黑夫寄益就书曰：遗黑夫钱，母操夏衣来。今书节到，母视安陆丝布贱，可以为禅裙襦者，母必为之，令与钱偕来。其丝布贵，徒钱来，黑夫自以布此。”大概就是说：“黑夫再次写信来，要请家里赶紧给送点钱来，再让母亲做几件夏天穿的衣服送来。见到这封信之后，请母亲比较一下安陆的丝布的价钱，不贵的话就做好夏天穿的衣服，和钱一起带过来。要是那边丝布贵，那就只带钱来，我自己在这边买布做衣服。”而惊的信里说，“愿母幸遣钱五、六百，布谨善者毋下二丈五尺”，希望母亲能寄个五六百块钱来。布要仔细挑选

秦国士兵家书 黑夫木牍

品质好的，至少要二丈五尺。

这两份家书是如何投递的？尤其是书信里多次提到要送钱和丝布，这些物品，需要从他们老家所在的湖北云梦，运送到兄弟俩打仗的河南淮阳，大概有四百公里的路，之间是如何运送的呢？他们不能直接使用国家的驿传系统，靠的还是熟人帮忙，具体来说，从军队驻地往老家带信的，大概是军队里服役期满的同乡老兵，从老家带信和物资的，应该也是要赶赴前线的同乡兵卒，或者是正好前往贸易的商人。

在汉代的《古诗十九首》中，有一首提到："客从远方来，遗我一书札。上言长相思，下言久别离”，另一首则说：“客从远方来，遗我一端绮。相去万余里，故人心尚尔。”另一首两汉之际的诗作《饮马长城窟行》提到：“客从远方来，遗我双鲤鱼。呼儿烹鲤鱼，中有尺素书”，这些诗句里的“客”，就是帮忙捎带信件和物资的“兼职快递员”。

总的来说，秦汉时代跟商周时代一样，普通人都不能使用国家驿传，书信和物品，都靠人帮忙捎带。在汉代，偶尔也有记载，个别官员利用国家驿传发“私书”，就是在公文里捎带私人信件。这在当时肯定不是普遍现象，而且只有官员们才能借公家的便宜，普通百姓是想都不敢想的。

· 唐代，除了一骑红尘的荔枝，还有快递脑袋和棺材的

隋唐时期，全国邮驿归在兵部管理，主要也还是为军事服务。当时的驿传道路上，每三十里就有一个驿站。据《唐六典》的记载，唐玄宗开元年间，全国一共有一千六百三十九个驿站，分为陆驿（一千二百九十七所）、水驿（二百六十所）和水陆相间驿（八十六所）。岑参的诗里有“一驿过一驿，驿骑如星流。平明发咸阳，暮及陇山头”的句子，是对当时快递的生动描述。当时主要运送的内容，和之前的朝代一样，主要是军事奏报和政府文书等，有个比

较独特的例子是在武则天时期，当时徐敬业在扬州举兵造反，檄文是著名文学家骆宾王起草的，其中“请看今日之域中，竟是谁家之天下”乃是千古名句。可惜徐敬业不是能光复李唐的料，没多久就被李孝逸攻破，自己的首级则被“驿马驼入洛”。快递的物品是脑袋，也算是快递史上少有的情形。

除了脑袋，还有快递棺材灵柩的。《旧唐书·元稹传》记载：“徐州监军使孟昇卒，节度使王绍传送昇丧柩还京，给券乘驿，仍于邮舍安丧柩。”王绍违规使用国家邮传系统运送孟昇的灵柩，还违法把棺材存放在驿站里。

当然，整个唐朝的快递行业，最有名的传送，自然就是杨贵妃的荔枝了，正所谓“一骑红尘妃子笑，无人知是荔枝来”。中唐时期李肇的《国史补》说：“杨贵妃生于蜀，好食荔枝。南海所生，尤胜蜀者，故每岁飞驰以进。”《新唐书·杨贵妃传》也记载：“妃嗜荔支，必欲生致之，乃置骑传送，走数千里，味未变已至京师。”我们上文提到，其实汉代就有通过驿路进贡荔枝的，所以当时杜甫有首诗借古讽今，“忆昔南海史，奔腾献荔枝。百马死山谷，至今耆旧悲”。

顺便说一句，当时的驿站也叫驿楼，兼有住宿的功能，官员们出差，经常寄宿在这里，所以唐诗中留下了大量相关的诗句。这些驿站大都修建的非常漂亮，其中最有代表性的褒城驿，有自己的池塘和船。杜甫《秦州杂诗》里的驿站，有“从篁”（竹林）、“高柳”，条件也都不错。唐代人还特别喜欢在驿站墙壁上写诗，其他人再经过看到了，还会和诗，跟今天在网上发帖、跟帖一样，算得上是一种独特的“社交化新媒体”。

·宋代“金字牌”，日行五百里

据沈括《梦溪笔谈》记载，北宋驿传有三等，分别是步递、马递和急脚递，急脚递是速度最快的，一天能走四百

元 钱选《杨贵妃上马图》

里。宋神宗时期又设置了更快的“金字牌急脚递”。“金字牌”是一个一尺多长的红漆木牌，上面有金字“御前文字，不得入铺”，就是说，凡是用“金字牌”传送的文件，不在每一个驿站停留交接，省了中转时间，所以特别快。《梦溪笔谈》说它“光明眩目，过如飞电，望之者无不避路，日行五百余里”。宋高宗曾经一天连发了十二道“金字牌”，将岳飞从前线召回，并最终以“莫须有”的罪名处死。

服务于传递政府文书的驿站，大都叫“急递铺”，这个名词一直延续到清代。《西游记》第三十五回里，孙悟空曾

经吐槽自己来回奔波，“比急递铺的铺兵还甚”。“铺兵”就是传递书信的快递员，也叫“急脚”“急脚子”，还有叫“急足”的。南宋对驿传有特别的法规，北宋的《嘉祐驿令》已经失传，但南宋的《金玉新书》后来被收入《永乐大典》，今天还能看到，里面特别规定了对寄送的文书，绝对不能盗窃、私拆，相关文件要限时送达，对铺兵的各种违规操作，都有具体的惩罚措施。

·元代“驿站”最豪华，还用三千只狗来送快递

元代疆域非常辽阔，快递事业就显得格外重要。当时的驿站，蒙古语叫作“站赤”，数量也不少，有一千五百一十九处。和前代相比，这些驿站显得更加豪华。来中国旅行的马可

急递铺令牌

波罗在他的《游记》里不无羡慕地写道："从汉八里城（今北京），有通往各省四通八达的道路。每条路上，也就是说每一条大路上，按照市镇坐落的位置，每隔四十或五十公里之间，都设有驿站，筑有旅馆，接待过往商旅住宿。这些就叫作驿站或邮传所。这些建筑物宏伟壮丽，有陈设华丽的房间，挂着绸缎的窗帘和门帘，供给达官贵人使用。即使王侯在这样馆驿下榻，也不会有失体面。因为需要的一切物品，都可从附近的城镇和要塞取得，朝廷对某些驿站也有经常性的供应。"

自古以来，快递主要是靠人和马，水里则是舟船，少数地区还有牛和驴，个别地方用轿。元代在快递史上的一大创举，则是用狗来送快递，当是东北边远地区，有用于冰上的驿狗。据统计，当时全国的驿马四万五千匹，在东北的哈儿宾（今哈尔滨）地区则有狗站十五处，供应驿狗三千只。我们现在还不太清楚这些狗的具体品种，但肯定不是据说同样能拉雪橇的哈士奇和阿拉斯加。

· 宋元以来，民间开始用官方系统寄快递，明朝才有"民信局"

我们前面提到，私人的信件和物品，不能通过官方系统来邮寄。宋太宗时稍稍放宽，官员近亲之间的书信，可以随同官府文书邮递，但只能用最慢的步递，不能用马递和急脚递。不过这口子一开，在现实生活中，慢慢就经常有用急脚递寄送私人信件物品的了。

元朝时候也规定“站赤”是用来传送紧急军情和公务的，但到后来，无论是政府官员，还是各地贡使，乃至于民间商人、僧侣，各种物资需求都通过国家邮驿系统，当时经常驰驿的，有“进鹰者”“捕鹌鹑者”“运送虎豹者”“工匠”“淘金人”“采珠者”“僧侣”“商人”“送丧嫁女”“放贷取息”“运送骨殖”“送葡萄酒”“进香送经”“拘收皮货”等，这严重增加了邮驿的负担。《永乐大典》第19421卷记录了天历三年（1330年）三月兵部的指责：“今各衙门官员为营私事，不肯遵守法度，搬取家属，收拾子粒，迁葬娶妻，送夫嫁女，泛滥给驿，以致站赤消乏。”

中国第一套邮票——晚清 大龙邮票

明朝永乐年间，正式出现了“民信局”，这并非官方机构，而是纯粹的民间商业组织，最早是在东南沿海一带，尤其是浙江宁波地区，业务就是专门为民间商人和百姓寄送信件。不过在明代，民信局谈不上特别兴盛，它真正兴盛，还是在清代中期以后。大概在明末清初，还出现了一种“侨批局”，负责传送海外华人和国内亲人之间的信件，也承接汇兑业务。到了晚清最后几年，大清邮政逐渐势大，民信局和官方的驿站系统，最后都退出了历史舞台。

· 镖局？那是清代才有的事情

提到快递，映入我们脑海的往往是镖局。尤其是在武侠江湖中，镖局往往是重要的配角。在金庸的小说中，《倚天屠龙记》里有虎踞镖局、云燕镖局等，《笑傲江湖》里有福威镖局，《书剑恩仇录》里有镇远镖局，《飞狐外传》里有飞马镖局，《雪山飞狐》里有平通镖局，《白马啸西风》里有晋威镖局，《鸳鸯刀》里有威信镖局等。

但是，真正的镖局出现其实是很晚的，大概出现在康熙乾隆年间。有学者提出，目前可以考证的第一家镖局，诞生于清代乾隆年间，叫“兴隆镖局”，创办人是山西拳师张黑五。不一定准确，聊备一说。

在网络资料上，有人说明代的“打行”是镖局的前身，这是不对的，清代褚人获《坚瓠九集·打行》引《亦巢偶记》:“打行，闻兴于万历间，至崇祯时尤盛，有上中下三等。上者即秀才贵介亦有之，中者为行业身家之子弟，下者则游手负担里巷之无赖耳。三种皆有头目。人家有斗殴，或讼事对簿，欲用以为卫，则先谒头目。顷之齐集，后以银钱付头目散之，而头目另有谢仪。散银钱复有扣头，如牙侩然，故曰行也。”可见打行其实就是类似打手的黑恶势力，有时候能起到保镖的作用，但和镖局没有任何关系。还有人说明代的“标行”，其实就是镖局的前身。《金瓶梅》第五十五回说，西门庆“家里开着两个绫缎铺，如今又要开个标行”，有人望文生义，觉得这个标行就是后来的镖局，其实不然，明代的标行，其实是用比价的方式发包工程或者买卖货物的店铺，和镖局是一点关系也没有。《金瓶梅》里第六十六回和第六十九回还提到西门庆家的标船，这是一种从事长途商货贩运的船只，一般在货物生产地直接采购。将这种商船理解为“镖局的船”，也是望文生义的结果。

· 古代的快递员谁来做?

宋代以前，为国家邮驿系统服务的快递员，都来自民间。

从先秦开始，平民需要承担徭役和赋税，徭役就是政府强制性向人民派遣的军役、劳役等，帮国家跑腿做一个快递员就是徭役的一种。这是一个很残酷的工作，从秦汉至隋唐，快递员奔波致死的记载不绝于书。宋太祖时期，“以军卒代百姓为役夫，其后特置递卒，优其廪给，遂为定制”，当时用军卒取代百姓，专门设置了“递卒”。实际上相关工作主要还是厢军承担，也就是“铺兵”。

我们前面提到，孔子和汉高祖刘邦，都在快递行业服务过，但他们自己都没有亲自跑过快递。中国历史上最著名的快递员是明末的李自成，他早年是银川驿卒，正儿八经是一个小小的快递员。后来他揭竿而起，前后用了十五年时间，给大明皇帝送上了一份大大的“快递”。

漫话宋版书

中国的古籍经过数千年的发展变化，其书写方式和装帧形态都经历过多次大的变化。宋代的刊刻书籍，尤其是线装书的出现，具有划时代的意义。从书写的方式来说，最早采用刀刻、涂画，最后才发明了毛笔，这些都是手抄时代，雕版印刷术的发明推动了文化大步发展，人类进入了印刷时代，书籍的流通大为进步。雕版印刷术的具体出现时间自古以来就有争议，我们一般认为其成型是在隋唐之际，其出现和成熟可能受到了佛教的影响，目前我们能看到一些唐代雕版印刷的实物，大部分是零碎的佛教经咒，现存最早的雕版印刷的大部头书籍，是20世纪初在敦煌藏经洞里发现的唐咸通九年（868年）刻《金刚般若波罗蜜经》。这部佛经在敦煌重见天日后不久就被斯坦因骗购，此后一直保存在英国。国内已知有纪年的最早雕版印刷品是五代后唐天成二年（927

年）刻本《佛说观弥勒菩萨上生兜率天经》。唐五代的雕版印刷实物非常少，明代以来大家都没有见过，印刷行业的真正兴起是宋代的事情，所以一般认为最珍贵的雕版印刷书籍就是宋刻本。再从装帧形态来说，最早的书籍可能是一块石头、一块甲骨，后来慢慢使用木板和竹片，再后来用丝织品和纸张，很长一段时间，竹简、丝绸和纸质书籍的形态是卷轴，我们今天说古籍往往说几卷几卷，就是这一装帧形态的影响。和今天书籍的形态接近的包背装或线装书，是宋代以后才有的，所以宋版书在这一方面也是开创性的。有的古装剧里唐代人读线装书，实际上不符合历史真实状况。

在宋朝时，全国印刷行业的中心主要是在浙江杭州和四川眉山。到了南宋时期，福建的建阳地区也成为一个中心，这几个地区的刻本，分别被称为浙本、蜀本和建本（也称为闽本）。

这三个地区的刻本，整体来说以浙本质量最高，北宋刻书基本上都是官刻，因为大都是由国子监来刊刻，一般也称为监本。当时首都在开封，但国子监刻印图书时，往往是在杭州雕版，然后再送到开封印行，所以北宋监本大都是浙本。当时国子监刻印了不少书，都已经失传，只有北宋末年国子监送杭州雕版时，版留在杭州，之后南宋初年补刻印行的几部书留存至今，主要是十行本的《史记》《汉书》和十四行本的《新唐书》。南宋时首都在杭州，所以这里的刻书更加繁荣。蜀本存世的不多，刻印非常精良，尤其是大字本，但这一带刊刻的小字本唐人文集，内容往往错误很多，所以文物价值比学术价值高。而建本则以质量低劣著名，建阳的刻书集中的麻沙、崇化两坊，都是民间书商进行，俗称“麻沙本”，这些书刻工还算讲究，但校勘质量就大都马马虎虎，很难称得上完善。

· 一页宋版，一两黄金

今天人们提到宋版书，第一个印象往往是“珍贵”。这种珍贵不仅体现在其文化价值上，也体现在其价值连城的“身价”上。从明代开始，中国文人就开始有“佞宋[1]”的传统，明朝末年，著名的藏书家和刻书家毛晋，在汲古阁门前悬挂搜求宋版书的通告：“有以宋椠本至者，门内主人计叶酬钱，每叶出二百……有以时下善本至者，别家出一千，主人出一千二百。”当时就已经开始流传“一页宋版，一两黄金”了。如今又过去了数百年，连明刻本都开始变成珍贵物品了，

① 佞宋，指特别喜爱收藏宋版书籍。

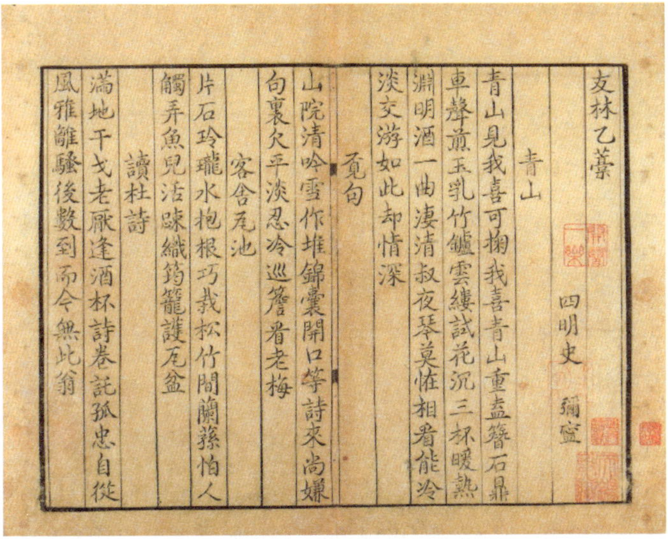

友林乙藁

四明史　彌寧

青山

青山見我喜可掬我喜青山重盍簪石鼎車聲煎玉乳竹罏雲縷試花沉三杯暖熱淵明酒一曲淒清叔夜琴莫恠相看能冷淡交游如此却情深

覔句

山院清吟雪作堆錦囊開口等詩來尚嫌句裏欠平淡忍冷巡簷看老梅

客舍瓦池

片石玲瓏水抱根巧栽松竹間蘭蓀怕人觸弄魚兒活踈織筠籠護瓦盆

讀杜詩

滿地干戈老厭逢酒杯詩卷託孤忠自從風雅離騷後數到而今無此翁

清影宋刻本《友林乙稿》

存世的宋版书也更加稀少，价值自然更大，一页宋版书的价格早已经远远超出了一两黄金。最近这些年拍卖的宋版书，每部的价格大都超过千万，最贵的高达亿元。

明清以来，收藏有宋版书是所有藏书家的梦想，若有藏书家收藏有珍贵宋版，往往要隆重纪念，甚至有人将藏书名改为相关内容以表达得意自豪。比如晚清四大藏书家之一的浙江陆氏皕宋楼，他的藏书楼名就是强调自己家收藏的宋版书有两百种之多。当然，这个数字实际上有点水分，但皕宋楼所藏精品之多，当时在全国也堪称独步。遗憾的是，光绪三十三年（1907年），这批藏书中的精品被日本静嘉堂文库收购，这是晚清文化界和藏书界爆炸性的大事件。静嘉堂文库从此一跃成为全球汉学研究的重镇，其收藏中十八种古籍被列为日本“重要文化财”，其中十六种就是皕宋楼的旧藏。晚清四大藏书楼中的其他三家，江苏常熟瞿氏铁琴铜剑楼与山东聊城杨氏海源阁的藏书大部分都进入了国家图书馆。浙江钱塘丁氏八千卷楼藏书则进入了南京图书馆，其中宋刻本大概有四十种。

全世界到底存有多少部宋版书？目前还没有极为准确的答案。《中国古籍善本总目》收入的宋版书大概有一千多种，其中收入前四批《中国珍贵古籍名录》的宋刻本有八百八十多种。据相关学者估计，大陆现存的宋版书大概在一千五百部左右，台湾地区和日本也存有数百部，全球现有的宋版书数量大概在三千部左右。这些藏书绝大部分都已经归入公立图书馆，在民间藏书家手中的屈指可数。

·得一奇书失一庄，藏书要用“美婢”换

因为宋版书无比珍贵，历代藏书家为了购藏，往往无所不用其极。明代著名文学家、官至南京刑部尚书的王世贞，

藏书多达三万余卷，他有次为了购得一部宋版《两汉书》，竟拿出自己家一整座山庄来换。后人写诗记叙此事，“得一奇书失一庄，团焦犹恋旧青箱”。和王世贞同年中进士的朱大韶，更是传奇，他退休后在家乡上海营建了一个名为“文园”的私家园林，在其中建了“尊经阁”等多个藏书楼，他酷爱宋版书，《逊志堂杂钞》记载：“嘉靖中，朱吉士大韶，性好藏书，尤爱宋时镂板。访得吴门故家有宋椠袁宏《后汉纪》，系陆放翁、刘须溪、谢叠山三先生手评，饰以古锦玉签，遂以一美婢易之。盖非此不能得也。婢临行，题诗于壁，曰：‘无端割爱出深闺，犹胜前人换马时。他日相逢莫惆怅，春风吹尽道旁枝。’吉士见诗惋惜，未几捐馆[①]。”这是一个很传奇的故事，当时江苏有人家里有宋版的《后汉纪》，上面有陆游等名家的手写题跋，珍贵无比，朱大韶自然也想得到这部珍藏，但藏家提出的条件非常独特，一定要拿一位“美婢”来换。朱大韶爱书心切，竟然拿自家美女去换了这部宋版书回来。这位美女临走之前写了首诗，表达自己的依依不舍和埋怨，朱大韶看到这首诗，又陷入无尽的悔恨，竟然因此郁郁而终。

① 捐馆，抛弃居所，指去世。

钱谦益像

也有藏书家为了保护自己的收藏，对自己所藏的宋刻本秘而不宣。著名的文学家、藏书家钱谦益，收藏有大量的宋版书，上文提到的王世贞用庄园换来的宋版《两汉书》，后来也流入钱谦益的手中。他收藏有宋刻本的《九国志》和《十国纪年》，同时代的另一位大藏书家曹溶是他多年老友，经常找他抄书，想借他的这两部书抄录一份。钱谦益本来答允了的，但事到临头又后悔了，跟曹溶说："我其实没有这两本书，以前说有不过是为了炫耀而骗你的。"到了钱谦益晚年，他的藏书楼绛云楼失火，多年收藏毁于一旦，被称为是江南图书的一大劫难。曹溶来安慰他，这个时候他才说了实话："我其实真收藏有这两本书，当年怕藏书被拿去辗转丢失，才骗你说没有，早知今日，当时要是借给了你，我还能跟你抄录个副本，现在天地之间再也没有这书了。"

·宋版书的价值

前面提到，宋版书全球大概有几千种，但大部分都是南宋刻本，北宋刻本除了佛经，留存至今的，不过二十种，它们大部分流落到了海外，大陆只有两三部。一部是北京国家图书馆藏的北宋刻本《范文正公文集》，是仁宗时期重臣范仲淹的文集，其刊刻年代在宋仁宗之后。另一部北宋刻本是收藏在南京图书馆的景祐《礼部韵略》，很可能是宋仁宗时期的刻本。这部刻本一直流传于民间，近年才在江西被发现，被学术界誉为"二百年来古籍界最大发现"。它的刊刻时间，在北宋仁宗景祐四年（1037年）至英宗治平三年（1066年）之间，为海内外孤本。2013年12月，在北京匡时2013秋季拍卖会上，发现于江西的北宋刻本《礼部韵略》（四卷五册全）以六百万元起拍后，最终以两千六百万元落槌，含佣金成交价为两千九百九十万元。此书经此途径得以入藏南京图书馆。

《礼部韵略》由北宋丁度等人奉敕编撰，成书于宋仁宗景祐四年（1037年）。宋初科考中的一项重要内容是试诗赋，写诗作赋，要牢记字韵，还不能犯讳，所以催生了韵书的纂修。《礼部韵略》作为两宋科举考试的权威官韵，是当时科举考试的重要基础工具书，有人将其类比于今天的《新华字典》。在这部书发现之前，我们所知道的《礼部韵略》存世的最早刻本是日本真福寺藏本，南京图书馆所藏的这个本子，不仅比日本真福寺藏本刊刻时间早，而且去声、入声两卷保存完好，学术价值很大。

·宋代的活字印刷术

电视剧《清平乐》讲述宋仁宗时代的故事，实际上就中国古籍发展来说，宋仁宗时期也有着划时代的进步，最重要的表现，是庆历年间（1041—1048年）毕昇在雕版印刷术的基础上，发明了活字印刷术。同时代的沈括在其《梦溪笔谈》中对此有详细记载："庆历中，有布衣毕昇，又为活版。其法用胶泥刻字，薄如钱唇，每字为一印，火烧令坚。先设一铁板，其上以松脂、蜡和纸灰之类冒之。欲印则以一铁范置铁板上，乃密布字印，满范为一板，持就火炀之，药稍熔，见以一平板按其面，则字平如砥。若止印三二本，未为简易，若印数十百千本，则极为神速。"活字印刷的发明意义重大，使得中国印刷术走上了科学化的阶段。我们今天的印刷术突飞猛进，但在基础原理上，和毕昇的思路仍然一脉相承。西方发明活字印刷的是德国人古腾堡，那是在整整四百年后的1440年。

非常遗憾的是，宋代活字印刷的书籍没有一部能够流传至今，所以我们讨论宋版书的时候，现有的宋版书都是雕版印刷的。这也是有些学者对毕昇发明活字印刷术的真实性有一定怀疑的原因。元代有人发明了木活字，明代在南京、苏州等地，有人用铜活字印书，明代铜活字的书我们现在能看到实物。

实际上，古代就有人质疑，沈括记载的毕昇做的胶泥刻字是否能够印书，因为泥字毕竟很容易破碎。清代道光时期，苏州有位李瑶，根据沈括的记载复原了宋代泥活字印刷法，印刷了《南疆绎史勘本》和《校补金石例四种》两部书，证明了这个方法切实可行。此后安徽翟金生，和自己的两个儿子一起，花了三十多年的时间，做了十万多个泥活字，并用此印行了不少书籍，更加证明了泥活字印刷的可靠。

古代阅兵简史

2019年的国庆七十周年大阅兵展示出经过70年发展后的中国实力。在我国数千年的政治军事史上，曾经有过很多次载入史册的阅兵，应该说，七十周年大阅兵的规模和创新，超过了历史上任何一次阅兵仪式。了解我国古代的阅兵故事，回顾历史，更能理解和珍重现在。

· 传说中的第一次阅兵，有人说是黄帝，有人说是大禹

中国阅兵历史悠久，起源于上古时期，最早阅兵的领袖，有人认为是黄帝，有人认为是大禹。说黄帝阅兵，理由就是《史记》中的记载，黄帝轩辕“修德振兵，治五气，蓺五种，抚万民，度四方，教熊罴貔貅貙虎，以与炎帝战于阪泉之野”，这是说黄帝修养美德，整顿军队，带着以熊、罴（棕熊）、

貔貅、貙（云豹）、虎等动物为图腾的部落，将要和炎帝大战。有学者认为，这个过程，就很像是一种阅兵的雏形。后来，黄帝轩辕和炎帝在阪泉大战三次，最终战胜了炎帝，炎帝称臣，成为同盟。说大禹阅兵，则是他发起的“涂山会盟”的解读。据《左传》记载，“禹合诸侯于涂山，执玉帛者万国”，有学者认为这次会盟举行的仪式也是一种阅兵。

我们今天说的阅兵，主要还是指在节庆、出征、迎宾等重要时刻举行的检阅武装力量的仪式，“阪泉之战”和“涂山之会”这两个事件，最多只能看作是阅兵的雏形，和我们现在理解的阅兵颇为不同，并非严格意义上的阅兵仪式。而且关于这两个历史事件，学者自古以来就有不同的解读，其真实性也没有成为学界的共识。

· 周朝经常阅兵，有国君阅兵只为“观妇人”

周朝时期，国君每年组织四次大规模的狩猎。《左传·隐公五年》：“故春蒐（搜）、夏苗、秋狝、冬狩，皆于农隙以讲事也。”郭沫若认为这种大的田猎活动，可能在商朝就已经出现了。随着常备军制的逐步确立，这种狩猎活动的生产意义越来越淡，练兵阅兵的军事功能越来越强，宣扬国威、推行教化的政治意义也越来越重要。有些诸侯国每三年就要

“治兵”一次。搜本来是指春季狩猎，但后来“大搜”已经是一种军事大检阅了，《左传·僖公二十七年》就记载晋文公的大臣子范的言论：“于是乎大搜以示之礼”，目的是通过军事阅兵，让百姓“知礼”。当时的阅兵也叫“观兵”。“观兵”在西周金文中就有出现，在《左传》《国语》等先秦典籍中也经常出现。如《左传·僖公四年》“观兵于东夷”，《左传·宣公十二年》记载楚庄王有“观兵以威诸侯”的说法，《左传·襄公十一年》“围郑，观兵于南门”等。其中最有戏剧性的观兵是宣公三年（前606年），楚庄王观兵于洛水，向周王朝示

《水陆攻战纹》（前 475—前 221 年）
战国时代青铜器上的攻战、狩猎、采桑、宴饮等图案

威。周派使者慰劳，“楚子（楚庄王）问鼎之大小轻重”，对夺取周朝天下表现出明显的野心。这个故事也是“问鼎”这个典故的由来。

诸侯国经常组织阅兵，尤其是晋、鲁、齐、楚四国，相关记录在《左传》中非常多见。其中有一次奇特的阅兵值得一说。《春秋》记载，鲁桓公六年“秋，八月壬午，大阅”。这个“大阅”是阅什么呢？《左传》解释说，“秋，大阅，简车马也”。简就是检，也就是检阅车马的意思。《穀梁传》的解释更加详细，“大阅者何？阅兵车也。修教明谕，国道也。平而修戎事，非正也。其日，以为崇武，故谨而日之，盖以观妇人也。”这里所说的大阅，就是对武装力量的大规模检阅，和今天的大阅兵的概念完全相同。这个八月并非应该田猎的时间，鲁国在农时阅兵，当然是有特殊的图谋，具体是为了什么呢？《穀梁传》就明确说是为了“观妇人”。这三个字，有人认为应该理解为“引诱女性来看”，但也有学者认为这是鲁桓公为他的夫人文姜而组织。这说明他对文姜的宠爱，但可悲的是文姜似乎从不爱她，而他恰恰是因文姜而死。文姜是齐僖公之女、齐襄公异母妹，她出嫁前就与哥哥齐襄公兄妹乱伦私通，婚后又再度私通。鲁桓公发觉之后，反被齐襄公指使人折断肋骨害死。

·汉代阅兵仪式很成熟，“阅兵”这个词最早始于曹操当权时期

秦代取消了周朝春夏秋冬结合狩猎举行的阅兵，只在秋季阅兵。汉代阅兵继承秦制，相关仪式已经非常成熟，一般每年秋天在京城和各郡国，都会组织校阅活动，这种阅兵一般叫“讲武”。

其中京城的讲武阅兵，叫作“乘之”。据《文献通考》卷一百五十七《兵考九》记载：“汉承秦制，三时不讲，唯十月车驾幸长安水南门会五营士，为八阵进退，名曰‘乘

兵马俑

车马俑

之'。"乘之是实兵演练，《后汉书》卷十五"礼仪中"还记录了汉代一种叫"貙刘"的兼具阅兵和祭祀的仪式，"武官肄兵，习战阵之仪、斩牲之礼，名曰貙刘。兵、官皆肄孙、吴兵法六十四阵，名曰乘之"。在这个仪式中，帝王亲自参加，官兵会演练孙武、吴起兵法的六十四阵。《后汉书》记载，中平五年（188年），汉灵帝刘宏"发四方兵，讲武于平乐观下"，当时规模很大，"列步兵、骑士数万人，结营为阵。天子亲出临军，驻大华盖下"。参加的士兵有好几万人，汉灵帝也亲自参加。各郡国的讲武，叫作"都试"，也叫"秋射"，是各个郡国由太守、都尉检阅地方武力的大规模军事演练。东汉光武帝年间，为了集权中央，取消了地方的都试。

中国古代最早直接使用"阅兵"这个词汇，很可能是在汉献帝建安年间晚期，当时实际掌握首都政治权利的是魏王曹操。《晋书》卷二十一记载建安二十一年（216年），相关部门上奏，“古四时讲武，按汉西京承秦制，三时不讲，唯十月都试金革。今兵戈未偃，士众素习，可无四时讲武，但以立秋择吉日大朝车骑，号曰阅兵”。就是建议在秋天举行名为“阅兵”的大型检阅和演练军事力量的活动。这年十月的大阅兵，魏王曹操“亲执金鼓，以令进退”。汉献帝延康元年（220年），曹操的儿子曹丕继任魏王，也“阅兵于郊”。就是在这一年，曹丕正式逼迫汉献帝禅让，建立了曹魏。曹丕的儿子魏明帝继位后，在刚刚改元的太和元年十月，也组织了大型的阅兵活动。

· 唐宋诗文中的大阅兵

唐宋阅兵也非常频繁，唐太宗、唐高宗时期几乎每年都举行讲武校阅，宋太祖曾经一年七次检阅水军。唐宋时期是我国古代文学非常璀璨的时期，留下了不少关于大阅兵的诗文精品。

据学者考证，唐玄宗开元九年，曾经以“大阅”作为进士考试的赋题。所以我们现在还能看到《文苑英华》卷六十四中有两篇当时的《大阅赋》，一篇的作者是胡瑱，另一篇已经佚失了作者的姓名。胡瑱赋描写大阅兵说：“旌旗裔裔而风飞，士马嚣嚣而云萃。竟泽弥谷，殷天动地。衔枚

章怀太子墓出土的《狩猎出行图》（局部）

无声，击鼓作气。雕弓月满，宝刀霜利。申前驱，诛后至。为三表而有节，历千古而不坠者也。”现在读起来还能感觉到当时的气势。

陆游有一首《成都大阅》诗，是他在淳熙二年（1175年）参加成都的阅兵大典礼时所作："千步球场爽气新，西山遥见碧嶙峋。令传雪岭蓬婆外，声震秦川渭水滨。旗脚倚风时弄影，马蹄经雨不沾尘。属橐缚裤毋多恨，久矣儒冠误此身。”第一联写大阅的时令和环境，第二、三联写大阅的情况，对大阅予以赞扬，最后一联抒情，很有要“弃笔从戎”的感慨。

豪放派词人辛弃疾词中的“沙场秋点兵”，也可以视作是一种阅兵。同为豪放派词人的刘过，有首《沁园春·张路分秋阅》，也记录了一次小型的阅兵，他在这首词里写道："见秋原如掌，枪刀突出，星驰铁骑，阵势纵横。”气势非凡。

·网传明永乐皇帝“十万人大阅兵”子虚乌有

明朝，每年都会组织阅兵，皇帝都应该参加，这是一种“定仪”。基本上每年一次考阅，三年一次大阅。永乐皇帝数次亲征，出发前都会组织阅兵。不过最近这些年，有个永乐

“十万人大阅兵”的说法开始在互联网流传，影响挺广。这个文章最早大概出现在2010年，叫《永乐皇帝朱棣震惊世界的大阅兵》，此后几年，被数百家报纸杂志广为转载，甚至有不少所谓“学术著作”也抄袭这个文章。

这是一篇彻头彻尾胡编乱造的钓鱼文，错误层出不穷，甚至错得可笑。但竟能以假乱真，数百家期刊、报纸陆续刊发转载，几十本图书因袭，影响还是很大，在这里特别说明一下。

·《大阅图》：图画里的清代大阅兵

在没有照相机，更没有直播的中国古代，阅兵的盛大场景往往只留存在古籍中的几句表述里。但清乾隆年间，有一位外国画家，用手里的画笔记录了一次盛大阅兵仪式上的主角：乾隆皇帝。更有一群宫廷画家，用画笔定格了大阅兵仪式的场面。

清代举行大阅的制度，和前朝相差不大。《清史稿·礼志九》：“天聪七年，太宗率贝勒等督厉众军，练习行阵，是为大阅之始。顺治十三年，定三岁一举，著为令。”乾隆皇帝在继位后的第四年，曾在京郊南苑举行阅兵式，检阅八旗官兵，这也是他第一次大阅兵。二十年后的乾隆二十三年

清 郎世宁《乾隆皇帝大阅图》

（1758年），他又举行了一次大阅兵。这两次阅兵，意大利人郎世宁都绘制了《乾隆皇帝大阅图轴》（也有人称之为《乾隆皇帝戎装像》或《乾隆戎装大阅图》）。郎世宁同样题目的画有两幅，导致了不少人的误会。

而描绘了乾隆四年大阅兵全面场景的，还有另一《大阅图》。这个《大阅图》原有四卷，分别为第一卷“幸营”、第二卷“列阵”、第三卷“阅阵”、第四卷“行阵”。故宫还收藏有第二卷《大阅第二图・列阵》。画卷的作者为宫廷画家金昆、程志道、吴桂、程梁、姚文翰、卢湛、张廷彦、金声、丁观鹤、陈永价。故宫收藏的《列阵》，主要描绘了阅兵时八旗军官的队列，并在画的结尾用文字详细做了叙述。该图第一卷目前下落不明，第三卷《阅阵》在2001年佳士得秋拍上被国内收藏家以近1600万港币拍得。第四卷《行阵》2011年在法国以2205万欧元（2.037亿人民币）被拍走。

古代抗疫简史

我们所生活的地球，其实是一个真实的“病毒星球”，病毒在深刻影响着人类的发展，虽然人类在很晚的时候才确认了这一点。卡尔·齐默的《病毒星球》一书，就深入浅出地介绍了病毒和人类的互动。当然，病毒这个词被用来表示今天我们所理解的这个意思，仅仅只有一百多年的历史。在更漫长的人类历程中，我们更常见的词是“瘟疫”。在中国数千年的漫长文明史中，瘟疫的身影一直若隐若现，并成为推动历史剧本走向的一个“隐身推手”。如果说，“中国古代文明史就是与疫病斗争的历史”这个说法略显夸张的话，“瘟疫深刻影响着中国文化的细节”应该是一个实事求是的判断。

当代最著名的全球史学者威廉·麦克尼尔在他的《瘟疫与人》（*Plagues and Peoples*）一书中，提出一个新颖大胆的假说：疫病妨碍了中国早期南方文明的发展。南方水土肥沃，自然条件得天独厚，但华夏文明早期的中心一直在北方，在经历了极为漫长的时期之后，南方才最终全面融入中国社会的有机整体。威廉·麦克尼尔就认为，在往南方的征途中，疫病是难以跨越的阶梯。当然，这个观点要找到十足的证据是困难的，但麦克尼尔还是用《史记》里“江南地卑湿，人早夭”（实际上《史记》的原文是“江南卑湿，丈夫早夭”，这里还使用译者的文字）的记录来佐助自己的论证。不管如何，在后代的历史文字中，我们可以更清晰地看到中国人与瘟疫战斗的历程。

·古代曾爆发过多少次大疫情？平均每隔七年就有一次

中国古代到底爆发过多少次严重的疫情，真实的数据早已被历史的长河冲刷，无法准确获知，但浩瀚的典籍也给我们提供了丰富的线索。1940年，“国立”暨南大学史地系教授陈高佣曾编写了一部《中国历代天灾人祸表》，对从秦到清两千多年间以水灾和旱灾为主的天灾以年表的形式做了详细的统计。昆西大学远东史教授约斯夫·H.查在此基础上广泛查证，又编纂过一个《中国的疫情年表》，虽然还不够完善，但我们基本可以看到中国古代大疫情的基本样貌。在这个始于公元前243年，终于1911年的年表中，总共记录的疫情有近290次，平均每七年就有一次，而有中国学者统计，从公元前7世纪到20世纪期间，记录在案的较大规模的瘟疫有700多次。

古代史籍中，很多关于疫情的描述不够清晰，我们只能大概地了解其规模，很难真正完整准确地评估这些疫情产生的影响。尽管如此，在一些留下了死亡人数的记录中，我们还是能够透过泛黄的古书，看到当年令人痛心的往事。我们挑其中一部分数据看一看：16年，一场疫情让大规模入侵南方的胡族死亡“十之六七”。312年，瘟疫继蝗灾和饥荒而来，华北、华中成为废墟，陕西人口只活下来百分之一二。468年，疫病在全国爆发，第二年又继续在河南、河北、湖北等地爆发，15万人死亡。682年，河南、山东疫情，尸骨遍野。891年，江苏、安徽和湖北暴发瘟疫，湖北“十死三四”。1232年，北宋灭亡前夕的河南暴发疫情，50天内死亡90万人。1308年浙江疫情，2.6万人死亡。1358年，山西、河北疫情，20万人死亡。1408年，江西、四川、福建，近8万人死亡。两年后又一疫情在福建爆发，一万五千户家庭消失。1853年，河南疫情，1万人死亡……19世纪中后期，爆发于云南的鼠疫，传播至全国各地，其死亡率达到60%。

·那些在十字路口被疫情改写了走向的历史

我们经常会提到第一次世界大战的终结和流感之间的关系，在某种意义上，西班牙流感提前终结了一战，甚至扭转了胜利者的归属。虽然被称为西班牙流感，但它很有可能起源于美国，并随着美国军营传遍全国，进而通过美军进入欧洲，随后蔓延到全世界。西班牙流感的死亡率高达2.5%—5%，是全球有史以来最恐怖的流感之一。而且这场流感死亡率最高的是年轻人，这正是支撑战争的主力，战争在流感的肆虐下反而偃旗息鼓，德军精心策划的“最后一击”，因为一般士兵的感染而化为泡影。据说，当时全球18亿人中，可能有超过三分之二被感染，而死亡人数则在2500万—4500万。这超过了整个第一次世界大战的死亡人数，后者的数字是1600万。

因为疫情被改写的历史在中国古代也屡见不鲜。三国时期的赤壁之战在中国家喻户晓，这是三国时期的“三大战役”之一，也是中国历史上以少胜多、以弱胜强的著名战役之一。我们都非常熟悉这场战役的结局，孙刘联军最后以火攻大破曹军，曹操北回，孙、刘各自夺去荆州的一部分，奠定了三国鼎立的基础，但在正史《三国志·曹操传》的记载里，我们还能看到一个被记载的细节：“公至赤壁，与备战，不利。

於是大疫，吏士多死者，乃引军还。备遂有荆州、江南诸郡。”真正迫使曹操退兵的直接原因，并非小说和戏曲中的种种戏剧化的神奇故事，而是军队中爆发的疫情。

而明朝的灭亡，鼠疫可能是“压倒骆驼的最后一根稻草”。1643年，京师大疫。《明史》载：“崇祯十六年，京师大疫，自二月至九月止。明年春，北畿、山东疫。”《明通鉴》载：“京师大疫，死者无算。”《明崇祯实录》载：“京师大疫，死亡日以万计。”因疫病死者之多，以至于北京城的各大城门都被出城的棺材堵塞了去路。再后来，不少家庭全家死亡，尸体无人收敛。这一年正月，李自成的军队席卷半个中国，而北京城中，瘟疫之初有2.7万匹战马，但到了1644年李自成破城之前，北京军队中能够作战的马匹仅剩下了1000匹。北京城的士兵更是由10万变成了5万，幸存的士兵也因为身体虚弱而失去了战斗力，文献记载他们“衣装狼狈，等于乞儿”。我们不能将明朝的灭亡全部算到瘟疫的头上，但我们也确实应该承认，这场瘟疫是明朝灭亡的直接原因之一。

南宋 佚名《赤壁图》

· 疫病的影响贯穿于中国文化，影响至今

在历史上，疫病对于中国人的文化和日常生活产生了深刻的影响，在延续至今的文化记忆里，我们依旧可以看

到疫病的影子。

其中影响最深远的一项，当属中华民族最重要的节日之一——春节。《吕氏春秋》记载：在季冬时要“命有司大傩”，傩就是驱除灾疫的祭祀，主要是为了驱逐疫疠之鬼。古人很早就认识到疫病的危害，《周礼》说：“四时皆有疠疾”，《左传》记载：“天有菑疠”，《素问》载：“厉大至，民善暴死”，都是对于疫病危害的总结。王充《论衡》中也提到，鬼魅作祟，因而产生瘟疫，应当驱鬼或祈神祛除。傩的仪式，正表达了人们抗击疫病的美好愿望。西晋周处所编的《风土记》一书中开始出现了“除夕”这个名词，指的就是农历一年中最后一个夜晚。这一夜，会燃放爆竹，目的就是“辟邪驱鬼”。

除夕的傩仪，在后代一直得到保留。《后汉书·礼仪·大傩》记载了当时的仪式：方相氏领舞，头戴四个金色眼睛的假面，穿黑色上衣，系红色围裙，手掌蒙熊皮，一手执长戈，一手执盾牌。用长戈向四方冲击，喊声震地。宋代的《东京梦华录》记载除夕这一天，“禁中呈大傩仪。并用皇城亲事官、诸班直戴假面，绣画色衣，执金枪龙旗”。而且仪式队伍“共千余人，自禁中驱祟，出南薰门外转龙湾，谓之埋祟而罢。是夜禁中爆竹山呼，声闻于外”。

大年初一也需要祛除疫鬼。南北朝时期《荆楚岁时记》记载：“鸡鸣而起，先于庭前爆竹，以辟山臊恶鬼。”大年初

宋 佚名《大傩图》

一这一天鸡鸣时分，家家户户都会早早起床，在庭前点燃爆竹，主要就是为了辟邪山臊恶鬼。什么是“山臊恶鬼”呢？据其所引用的汉代《神异经》所记载的传说，在西方大山中，有一种只有一个脚、身高尺余的怪物，人要是遇到它，就会寒热不调，容易生病，这个怪物就叫“山臊”。这种鬼最怕的就是竹子在火里燃烧时噼噼啪啪的声音。元代陈元靓《岁时广记·祭瘟神》说，在宋元时代，元旦日四鼓时各家都要祭祀瘟神，以保一年之平安。可以说，除夕和初一的习俗里，保留着古人驱逐疫病的原始记忆。

端午节的一些习俗也很可能与瘟疫有关。据宋代吴自牧《梦粱录》和陈元靓《岁时广记》所载，端午日午时，切菖蒲以泛酒中，饮之可辟瘟疫之气，故曰蒲节。《帝京岁时纪胜》曰：“五月五日细切蒲根，拌以雄黄曝以浸酒，饮余则涂抹儿童面颊、耳鼻、并挥洒床间帐，以避毒虫。”古代有很长一段时间，在五月五日祭祀瘟神。

·中国最不受欢迎的神仙：古代的瘟神信仰

毛泽东的《送瘟神》诗中写道：“借问瘟君欲何往，纸船明烛照天烧。”请问瘟神，你要到哪里去呢？人们已焚化纸船，点燃蜡烛，火光照耀天际，用这些来送走瘟神，表达

明 五毒补子

了对瘟神的蔑视和嘲笑，表现了胜利的自豪和喜悦。

在中国古代，长期存在着瘟神的信仰。最早人们认为一些怪兽可能导致瘟疫，《山海经》卷五《中山经·中次四经》，对于瘟疫的描绘有着传奇色彩："又东二百里，曰太山，上多金玉、桢木。有兽焉，其状如牛而白首，一目而蛇尾，其名曰蜚，行水则竭，行草则死，见则天下大疫。"再后来人们认为疫病来自疫鬼，至于疫鬼，《汉旧仪》提到："颛顼氏

清《三教源流搜神大全》中的五瘟使者

五瘟使者

昔隋文帝開皇十一年六月内有五力士現於凌空三五丈於身披五色袍各執一物一人執杓子并罐子一人執皮袋并劍一人執扇一人執鎚一人執火壺帝問太史居仁曰此何神主何災福也張居仁奏曰此是五方力士在天上為五鬼在地為五瘟名曰五瘟春瘟張元伯夏瘟劉元達秋瘟趙公明冬瘟鍾仕貴摠管中瘟史文業如現之者主國民有瘟疫之疾此為天行時病也帝曰何以治之而得免矣張居仁曰此行病者乃天之降疾無法而治之於是其年國人病死者甚衆是時帝乃立祠於六月二十七日詔封五方力士為將軍青袍力士封為顯聖將軍紅袍力士封為顯應將軍白袍力士封為感應將軍黑袍力士封為感成將軍黃袍力士封為感威將軍隋唐皆用五月五日祭之后

匡阜真人遊至此祠即收伏五瘟神為部將也

有三子，生而亡去为疫鬼，一居江水，是为疟鬼；一居若水，是为魍魉蜮鬼；一居人宫室区隅，善惊人小儿。”可见它是颛顼帝的大儿子。对于疫鬼，古人是采取逐除的方式，体现的是古人与疾病斗争的意志。汉朝起，开始出现瘟神与瘟鬼并存的看法，东汉时的《五瘟伤寒》一书，认为瘟鬼是施瘟者，同时还有对付瘟鬼的正神。瘟神在后代成为民众祭祀的对象。从鬼而神，这或许可以理解为人与疾病的某种妥协，或者是人与自然和谐相处的一种愿望。即使是在科技进步的今天，完全消灭那些给人类带来疾病的病毒和微生物也是不可能完成的任务，我们期待微生物与人类长期和谐相处。

现在通行的瘟神的传说故事脱胎于隋代，但成型可能是宋元时期。《三教源流搜神大全》载，隋文帝开皇十一年（596年）六月，有五力士现于空中，距地三五丈，身披五色袍，各执一物。帝问太史张居仁此为何神，主何灾福？答曰：此为五方力士，在天为五鬼，在地为五瘟。春瘟张元伯，夏瘟刘元达，秋瘟赵公明，冬瘟钟仁贵，总管中瘟史文业。现天降灾疾，无法逃避。是岁果有瘟疫，国人病死者甚众。后来隋文帝为这五位神灵建立了祠庙，进行了册封。这五位神灵的名字，明代小说《封神演义》中有不同的描述，分别是主掌瘟癀昊天大帝吕岳，东方行瘟使者周信，西方行瘟使者朱天麟，南方行瘟使者李奇，北方行瘟使者杨文辉。随着小说的广泛流行，也对民间信仰产生了重要的影响。有学者研究发现，南宋时构建的天庭甚至专门设置了职掌瘟疫施放的正规部门——瘟部，之前出现的各种司职人员，还有瘟鬼、疫鬼统属归瘟部管理。瘟部“全如官府”，集行瘟、防瘟、除瘟功能三位一体，替天行道，惩恶扬善。在明清时期，除了五路瘟神，有些地方还有瘟神太子菩萨等其他瘟神。

祭祀瘟神的仪式与其他神仙不同，核心在一个“送”字。宋代《鸡肋编》中详细记录了“送瘟神”的过程：“作‘五瘟社’，旌旗仪物，皆王者所用，唯赭伞不敢施，而以油冒焉。以轻木制大舟，长数十丈，舳舻樯柁[1]，无一不备，饰以五采。郡人皆书其姓名年甲及所为佛事之类为状，以载于舟中，浮之江中，谓之送瘟。”把瘟神送到轻木制成，装饰五种颜色的大船上，人们把自己的姓名年岁等信息，以及家人所做的佛事清单，写在纸上一并放到船里，任由大船随江水漂浮，寓意把瘟神送走。

明清时期，全国各地送瘟神的仪式各不相同，大部分是做瘟船，这种船有的是木头，有的是芦苇，但最多的是纸做的，仪式的最后要把纸船烧成灰，可能是要表达彻底送别瘟

① 舳舻樯柁，舳舻（zhú lú），船头和船尾的并称，泛指前后首尾相接的船；樯（qiáng），桅杆；柁（duò），同“舵”。

神的决心。送瘟神的时间各地也有不同，但以端午节这天最多，甚至有一些地方，直接将端午龙舟视为送瘟船的。也有在三月、四月、五月十七、五月十八等时间送瘟的。总之，全国各地的送瘟方式大致接近，但各有风格。

· 中国古人的“抗疫”实践

记录文献上发生在我国的瘟疫种类繁多，包括天花、鼠疫、白喉、猩红热、霍乱、斑疹伤寒、伤寒、肺病、麻风病、疟疾、血吸虫病等。古人一般把传染病都叫疫，烈性传染的则是瘟，流行病、传染病统称为瘟疫。在和瘟疫抗争和共存的岁月中，古人虽然有一定的局限，但积累了非常多的对治经验。

医学上的经验总结取得了不少成果，其中最具有代表性的是《伤寒杂病论》和《瘟疫论》。东汉末年，医圣张仲景完成了《伤寒杂病论》，伤寒实际上就包括了瘟疫。明朝末年，江苏医学家吴又可深入疫情严重地区，救死扶伤之外，总结研究瘟疫的感染途径、传播方式、临床表现、治疗方法，撰写了我国医学史上第一部急性传染病专著《瘟疫论》。他提出疫病病因是天地间存在的一种特别的“戾气”，这是一种人眼看不到的物质，可以通过口鼻而入。这是一个伟大的创见，具有现代传染病学的初步认识。

宋 李唐《灸艾图》

清代医学家吴瑭有多位家人死于温病，他发奋读书，精研医学，受到吴又可、叶天士影响，完成了《温病条例》一书，不仅对温病深入剖析，还留下很多方剂，对中国医学发展有很重要的贡献。

在古代瘟疫流行的时期，政府往往派出医生为民众治疗，派政府人员分发药物。例如汉代建武十四年（38年）大疫，太守钟离意亲自接济医药。建宁四年（171年）三月大疫，命中谒者巡行致医药。再如宋代初年大疫，宋太宗将《太平圣惠方》发布各地，并由太医署安排良医在首都救治病人。民间也往往有医生主动悬壶济世。魏晋南北朝时期，医僧聚集的寺院，在遇到瘟疫流行之时，也起到保民救难的重要作用。竺法旷、诃罗竭等高僧，都本着慈悲精神，深入一线救治民众。

疫病流行时，对于死者的遗体要妥善处理，以防止更大范围的传播。汉代时，政府会向部分死者家庭提供安葬补贴，鼓励及时安葬。宋代，中国出现了“漏泽园”这种特殊公益组织形式，由政府补贴资金，寺院出地并安排人员管理，将无主的尸体进行掩埋，形成了长期的制度。

古人还意识到良好的生活习惯和卫生条件有助于预防瘟疫，端午饮雄黄酒，沐浴和挂艾叶等习俗，主要就是为了杀菌抑菌。

隔离是自古以来对抗传染病的有效方式。从出土的竹简看，秦代就已经有了隔离的制度，汉平帝曾下诏："民疾疫者，舍空邸第，为置医药。"腾出一些住宅作为隔离区，集中对病人进行治疗，切断瘟疫的传染源。唐宋时期，被隔离的传染病人经常出现无人问津、无人照料的情况。本着"无缘大慈、同体大悲"精神的佛教寺院，设置了专门隔离疠病病人的医院，叫作疠人坊。史料记载，唐贞观十七年（643年），智严法师"还归建业（今南京）依山结草，后到石头城（今南京市西清凉山）疠人坊住，为其说法，吮脓洗濯，无所不为。永徽五年（654年）二月，终于疠所"。这位在历史上没有多大名气的智严法师，在南京的疠人坊内为病人讲解佛法，进行心理治疗，同时对病人进行无微不至的生活关怀，长达二十余年，最终也因感染而圆寂在疠人坊内。这种精神贯通古今，是我们抗疫胜利的伟大精神力量。

· 古代文学中的瘟疫叙述

很多我们熟悉的外国文学名著，故事是围绕瘟疫展开的。比如古希腊作家索福克勒斯的《俄狄浦斯王》，它的开头就是讲瘟疫流行，按照神的指示，要找到杀害先王的凶手，瘟疫才能平息。这个凶手，其实就是俄狄浦斯王自己，这个故事是非常经典的悲剧。文学名著《十日谈》，背景就是14世纪黑死病席卷欧洲时，佛罗伦萨一群年轻人躲避到偏远乡下，每天互相讲段子，总共讲了一百个故事。再比如诺贝尔文学奖获得者加缪的小说《鼠疫》，讲述的是北非一个叫奥兰的城市突发鼠疫，以主人公厄里医生为代表的一批人抗击瘟疫的故事。法国作家让·吉奥诺《屋顶上的轻骑兵》中的主人公是一个流落法国的意大利上校，遇上一场瘟疫流行，在隔离和封堵中寸步难行，甚至只能在房顶躲避追捕。我们熟悉的涉及传染病的小说还有哥伦比亚作家加西亚·马尔克

痘疹娘娘纸马

斯创作的长篇小说《霍乱时期的爱情》，这部小说名字里霍乱只是大背景，爱情才是小说故事的核心。

瘟疫对整个中国历史文化都产生过深远影响，文学也不例外。最有名的例子是东汉末年建安年间瘟疫对文学创作产生的重大影响。建安文学的代表人物建安七子，除了孔融、阮瑀早死外，其余五人全部死于疫病。曹操的儿子魏文帝曹丕后来回忆说："昔年疾疫，亲故多受其灾。徐、陈、应、刘，一时俱逝，痛可言邪"，说的就是建安七子中的陈琳、刘桢、徐干、应玚，他们四人在河北去世，另外王粲死在了安徽。曹操的另一个儿子曹植的《说疫气》描述当时疫病流行的惨状说：建安二十二年，疠气流行，家家有僵尸之痛，室室有号泣之哀。或阖门而殪，或覆族而丧。名医张仲景的亲族也是在这场瘟疫中去世了三分之二。这场瘟疫夺走了文坛领袖的生命，也给当时文士的心理造成极大的压力，使得他们既有"不朽"的功名思想、及时行乐的心态，也对游仙产生了更多的兴趣。

唐代诗人们也受到瘟疫的影响，不少诗歌描写瘟疫。诗圣杜甫早年生活在姑母家，他和姑母家的表兄都曾感染了疫病，当时有巫医说睡在房屋的东南角能够化解病情，姑母就把这个位置让给杜甫，把自己的儿子换到其他位置。结果杜甫自己奇迹般痊愈了，他的表兄却因为疫病而去世。

他自己和妻儿后来还感染过其他传染病，这些都在他的诗歌中被记录下来。韩愈《谴疟鬼》说：“医师加百毒，熏灌无停机。灸师施艾炷，酷若猎火围。诅师毒口牙，舌作霹雳飞。符师弄刀笔，丹墨交横挥。”可以看到当时医术加巫术的治疗方法。

古代文学名著中《水浒传》和《红楼梦》都写到了瘟疫。《水浒传》整个故事的起源，就是说：“嘉祐三年上春间，天下瘟疫盛行。自江南直至两京，无一处人民不染此症。天下各州各府，雪片也似申奏将来。且说东京城里城外，军民无其大半”，之后才引出了三十六天罡、七十二地煞降临凡间。不过历史上其实并没有这场瘟疫，这是作者施耐庵的文学创作。

《红楼梦》有不少关于疾病的叙述。在第一百二十回文字中，基本上有超过六十六回涉及疾病和医药知识描写，有近百位出场人物患有各种不同的疾病，涉及病症一百一十余种，关于医药的描述有二百九十多处。在《红楼梦》中有一段集中描写了对抗传染病天花的策略，这是第二十一回：谁知凤姐之女大姐儿病了，正乱着请大夫诊脉。大夫说：“替太太奶奶们道喜：姐儿发热是见喜了，并非别症。”王夫人凤姐听了，忙遣人问：“可好不好？”大夫回道：“症虽险，却顺，倒还不妨。预备桑虫、猪尾要紧。”凤姐听了，登时忙将起来：一面打扫房屋，供奉“痘疹娘娘”；一面传与家人忌煎炒等物；一面命平儿打点铺盖衣服与贾琏隔房；一面又拿大红尺头给奶子丫头亲近人等裁衣裳。外面打扫净室，款留两位医生，轮流斟酌诊脉下药，十二日放家去。贾琏只得搬出外书房来安歇。凤姐和平儿都跟王夫人日日供奉“娘娘”。上面这段文字就涉及当时对抗传染病的几条策略，拜神、用药、清洁、隔离。

总的来说，瘟疫以及对抗瘟疫的战斗，对于中国文化的影响非常深远，了解古代的抗疫往事，或许会让我们有更多的思考。